JN071788

ケン・シゲマツ［著］
重松早基子［訳］

魂のサバイバルガイド

達成志向の世界で霊性を養う

いのちのことば社

Survival Guide for the Soul

by Ken Shigematsu

Published by arrangement with the Zondervan Corporation L.L.C.,

a subsidiary of HarperCollins Christian Publishing, Inc.

through Tuttle-Mori Agency., Tokyo

はじめに——このままの自分でいいのか

先ごろ、高校卒業三十周年の同窓会に出席するために、参加費を小切手で郵送しました。旧友との再会が楽しみな反面、心のどこかで不安も感じていました。みんなと比べて、自分が老けて見えたら嫌だなあ。仕事や結婚生活でも、私はうまくやっている方だろうか——。人と比べるべきではないとわかっていても、同窓会ではむずかしいものです。

現代を生きる私たちには、昔の人が経験したことのないプレッシャーがあります。一般的な家系図を一八〇〇年代前半までさかのぼってみると、息子はすべて父親の仕事に就いていたことがわかります。あなたの家族の歴史を調べてみても、同じようなパターンを発見するでしょう。十九世紀の産業革命以前は、生まれついた社会環境で人生の選択肢はほぼ決まっていました。

状況は変わりました。二百年前は不可能であった仕事や社会的地位の向上が、現在では可能になりました。一生懸命頑張れば、望みは叶えられると言われて私たちは育ちました。それは、パワフルで心躍るメッセージです。しかし、自分の夢を叶えられなかったら、どうしたらいいのでしょう。お金持ちにも、成功者にも、有名にもなれなかったら、どうなるでしょう。期待に応えられなかった、せっかくのチャンスを逃してしまったと感じるかもしれません。さらに悪いことに、自分のことを失敗者だと思うかもしれません。生まれついた家によって人生が決まっていた中世の人は、自分の力不足だったとか、自分は失敗者だと悩むことはありませんでした。

二十年ほど前、書店の自己啓発本コーナーには「あなたにはできる」、「すべてのことは可能だ」、あるいは「内に秘めた才能を目覚めさせる」といったメッセージを謳(うた)ったベストセラー本が並んでいました。それらの本は自分の人生を最大限に生かし、偉業を成し遂げるにはどうすればいいのかを教えていました。今日では、メッセージの内容が様変わりしています。今売れている自己啓発の本と言えば、自尊心の低さや恥、また人生で味わう挫折感にどう対処するかといった内容のものがほとんどです。スイス生まれの哲学者アラン・ド・ボトンは「何事も可能だと説く社会と自尊心の低さには、相関関係がある」と指摘しています。

私は、常に競争を強いるグローバルな都市で育ちました。世界の中でも最も忙しく、仕事中心の街として知られる東京で生まれ、二歳のときに家族でイギリスのロンドンに引っ越しました。八歳になる少し前にカナダのバンクーバーに引っ越し、高校を卒業するまでそこで暮らしました。アメリカのシカゴ近郊の大学を卒業した後、私は再び東京に戻ってソニーで働きました。日本にいる間に早基子と出会い、後に結婚に導かれました。

東京での結婚式の前夜、義理の父となる彼女の父親と一緒に夕食に行きました。早基子は生まれも育ちも日本でしたが、私たちは結婚後バンクーバーに住む予定でした。食事の席で、義理の父は私に一つの頼み事を持ちかけてきました。「時々、早基子が日本にいる私たち家族を訪問することは可能だろうか。」早基子が日本に帰ると私にとって不便が生じるため、帰らせてもらえないかもしれないと昔ながらの日本人男性である彼は心配していたようです。「もちろんですよ」と私は答えました。北米にとってのクリスマスのような意味合いがある日本のお正月の前後に里帰りをして、彼の要望に応えたいと私は心に決めました。

そのため、私たちは妻の家族を訪問するため定期的に日本に帰ります。年末に日本に戻ると、時差のために夜中の二時頃によく目が覚めてしまいます。すると、もし子どもの頃私の家族が日本を離れなかったら、自分の人生はどうなっていただろうという思いが頭に浮かび始めます。もし、日本社会で育っていたなら、いい小学校、いい中学校、いい大学に入るために多大なプレッシャーがかけられていたことでしょう。最終的には、いい企業に就職し、忠実なサラリーマンになるプレッシャーが課せられたはずです。

自分の人生の顛末を想像するにつけ「情け容赦のない競争社会にいなくて、良かった！」と安堵のため息をつきます。しかし、自分に正直になってみると、全くそのような状況から脱出したとも言えません。

依然として私は、良い結果が求められるプレッシャーを感じています。学校を卒業してずいぶん経ちますが、学生の頃に戻り、準備なしにフランス語や数学の試験を受けなければいけないという悪夢もよく見ます。大事なバスケットボールの試合のときに感じたような、重要な局面で他の人たちの期待を背に感じながら、自分が何とかしなければいけないというプレッシャーをいまだに感じています。

良い結果を出したり成功しなければいけないというプレッシャーは、私が東京のソニーで働いているときもありました。さらに、牧師として働くようになってからも感じます。牧師という職業は競争とは無縁で「霊的な」仕事だと思っている人もいるかもしれませんが、ビジネスの世界から教会へと移って来ても、自分の人生やミニストリーで何か特別なことをしなければいけないという思いから解放されませんでした。

私の良き友人で、霊的判断の賜物を持つジェフがかつてこう言ってくれました。「これまでずっと、君は『できる男』でなければいけないと感じていた。学生のときはフットボール場で。働き始めた後は職場で。そして今は牧師として。」

彼の言葉は、私の心に深く刺さりました。まさにその通りでした。まだ私には、何か大きなことを成し遂げたいという願望があります――何らかの形で、人より秀でたいという思いがあります。そのような思いを持つ人は、決して少なくないのではないでしょうか。

成功したいという願望は、立派な動機から来ている場合もあります。例えば、この世を「より良い場所」にしたいというような動機です。しかし、平凡とか、あるいはもっとひどい「負け犬」といったレッテルを避けたいという恐れに煽られた動機もあります。

完全に仕事に没頭していると、イキイキと充足感を感じるときがあります。その仕事をするために生まれて来たと思えるようなことをしているときは、特にそうです。しかし、没頭しすぎると、私たちにとって最も大切な関係を無視することもあります。私たちの魂を無視することにもつながります。魂こそが神と親しく交わる所であり、真の幸福感を見出す所でもあります。

私自身の人生を見つめたり、上昇志向が強く成功を収めている人たちとの会話を通して、私は共通の問題点があることに気がつきました。私たちの多くは頭では神から愛されていると知りながらも、日々の生活の中では依然として自身の成功や外見、あるいは人が自分をどう見ているかに価値基準を置いています。

私が本書を書いた理由は、そこにあります。この本の目的は、神の愛を深く探ることです。創造主から深く愛されていることを知ると、意味のある人生や永遠に残る功績、また——恐れや不安からではなく——神が示してくださった愛や恵みに対する深い感謝や喜びの泉から溢れるいのちを追い求めるようになります。

二十年ほど前にバンクーバーのテンス教会に初めて来たとき、私の心は恐れでいっぱいでした。古い歴史を持ちながらも、教会員が千人から百人余りまでに減少した教会を牧会することに難しさと不安を感じていました。当時教会に来ていた人たちは主にヨーロッパ系のシニア世代で、過去二十年間で二十人、牧師（副牧師を含む）が入れ替わっていました。

就任後間もなく、教会の事務担当者が私にこう言いました。「ケン、あなたがこの『船』の舵を取る最後の船長だから、今船が沈めば、みんなはあなたを責めるわよ。」私が頑張るように彼女は発破をかけたのだと思いますが、その言葉を聞いて私は落ち込みました。当時、私は教会が沈没しないかと常に心配していました。神の栄光のためではなく、恥ずかしい失敗を避けようとして懸命でした。人から失敗者と見られたくないと思いました。

今日、当時のような焦りと不安はなくなりました。私たちの教会が巨大な滝に飲み込まれる心配がなくなったせいもありますが、もっと大きな理由は別にあります。最終的に私が成功しようが失敗しようが、常に神が私と共にいてくださることを知るようになったからです。自分の能力や結果に関わらず、最も大切な方から深く愛されているという事実を思い起こさせてくれる霊的習慣によって、心に平安が与えられました。神の愛は不必要な重荷から解放してくれるだけでなく、仕事に対してもエネルギーとインスピレーションを与えてくれます。

このような本を書いたので、私は今では成功したいという思いから完全に解放されたと言いたいところです。しかし、自分の心に正直になってみると、神に忠実でありたいと思いながらも、成功したいとも思っています。神を愛したいと願いながらも、人からも好かれたいし、尊敬されたいとも思っています。イエスに忠実でありたいと願いながらも、何も秀でたところがない平凡な者になることも恐れています。自分の人生で満足のいく成功を収めているのか、このままの自分で大丈夫なのかという不安もあります。今でもこれらの課題と私自身が格闘しているので、この本は他の誰にでもなく自分自身に宛てて書かれた手紙でもあります。

この後に続く章では、日々の生活の中で実際生きて働いておられる神を経験するための霊的習慣を紹介します。愛に溢れる神の御臨在に気づくようになると、より健全で安定したアイデンティティーを持ち、他者の人生にも永遠に意味のある違いをもたらすことができるようになると私自身感じています。キリストを日々の生活の中心に据えて生きるとき、私たちの想像をはるかに超えた力や深さを持ついのちがあることを発見します。

私宛てに書いたこの手紙は、ある意味でサバイバルガイドのようなものです。上昇志向の強い人が持つマイナス面を乗り越えるため、また神の愛と受容で満ち足りることで成功願望を克服するためのガイドです。

これは、魂がいのちを保ち続けるためのサバイバルガイドです。

目次

PART 2

魂がいのちを保ち続けるための習慣　77

PART 1

すべての魂が持つアダムの二面性

第一章　分断された自己

自分がしたいと願うことはせずに、むしろ　自分が憎んでいることを行っているからです。

使徒パウロ（ローマ七・一五）

午後五時が近づくと、もう少しオフィスに残って何通かのメールに返信し、ちょっとでも受信トレイを片付けたいと願う自分。一方で、家に帰って家族と一緒に時間を過ごしたいと願う自分もいます。結婚後は配偶者に忠実であるべきだという信念を持ちながらも、他の人との関係を妄想してしまう人。あるいは、普段は健康的なライフスタイルを心がけているのに、バイキングでは衝動的にいくつものデザートに手が伸びてしまう人――。

「自分に正直でありなさい」と人はよく言います。しかし、正直なところ、私たちの中には多くの自己が存在します。きれいに統合された自己など存在しません。私たちの心の中では、さまざまな声が競い合うように反対意見を出し合っているように感じるときがあります。それは、必ずしも悪いことではありません。私たちはあらゆる動機と願望を持った、複雑で多くの面を併せ持つ者だと聖書は教えています。ユダヤ教の教師ジョセフ・ソロベイチックは著書『孤独な信仰者』の中で、アダムが持つ二つの異なる面が創世記で描かれていると指摘しました。アダムが持つ二面性は、それぞれ異なる人間の本質を表していると言います。彼はシンプルに、それらをアダムⅠとアダムⅡと呼んでいます。

アダムⅠとアダムⅡ

ソロベイチックによると、創世記一章はアダムⅠを紹介しています。このアダムは、「地に満ちよ。地を従えよ」（二八節）という神の命令に従っています。勝ち取り、創造し、支配することが彼の目的です。現代的に言い換えると、アダムⅠは自然界の働きを理解して病気を克服し、繁栄するビジネスを創造し、この世を支配したいと望んでいると言えます。このアダムは、何かを造り出すことや成功することに対して責任とプレッシャーを感じています。このアダムの召命は良きもので、必要でもあるとソロベイチックは指摘します。この世で何かを成し遂げるためには、健全なアダムⅠ的要素が必要です。

続いてソロベイチックは、創世記二章のアダムⅡについて説明しています。勝ち取り、創造し、支配したいというアダムⅠとは対照的に、アダムⅡは一つの園に導かれます。謙遜にもそこで仕えるように（一五節）彼は召されます。二つのアダムは、異なる願いを持っていました。アダムⅠが何かを創造したいという願いを持つ一方、アダムⅡは関係を求めています。創造主とのつながりを求め、エバが現れるまでは寂しさを覚えました。アダムⅡは自然界の仕組みを知るより、そもそもなぜそこに自然が存在するのかに興味がありました。彼は、人生における意味を求めます。

アダムが持つこの二つの側面は、すべての人間に当てはまる真実を表しているとソロベイチックは考えました。つまり、私たちにもこの二つの異なる人格がある、と。私たちもある面では成功を追い求める一方（アダムⅠ）、別の面では神や人とのつながりを求めます（アダムⅡ）。さらに、この二つの人格は必ずしも反目しません。私たちすべての者は、行動を起こすためにある程度のアダムⅠ的な動機や野心が必要です。たとえそれがガラクタの処分や、仕事のための新しいスキルの習得、神の正義をもたらすミニストリーを始めることであれ――。一方、私たちには関係や霊的つながり、人生における意味を求めるアダムⅡ的な傾向も必要です。健全な人はこれら二つの間でバランスを取ることができ、いのちを与えるホリスティックな形で互いを補い合っています。

私の中にも、両方のアダムがいます。仕事や目標達成が大好きなケンⅠと、神や人との関係に価値を置くケンⅡがいます。また、どちらかのアイデンティティーが他方に暗い影を落とすとき、妻や息子、まわりの人々に影響を及ぼすことも知っています。この二つのケンのバランスが悪いと、自分の体や仕事の調子にも変化を与えてしまいます。

あなたの場合は、どうでしょう。カッコの中に自分の名前を入れてみてください。（　　　）Ⅰと（　　　）Ⅱ。あなたの心の内にあるこの二つの傾向は、どのような状態ですか。成功に対する欲求は、どのようにあなたの人生や人間関係に影響を与えていますか。どちらの傾向に傾いていますか。あるいは、互いを補いがなら働いていますか。

それにしても、自分の名前の後にローマ数字を並べて使うのは不自然ですね。これからは、自己の二面性というソロベイチックの概念を用いながらも、別の言葉を用いてこの二面性についてさらに追求していきたいと思います。私たちの中には、自分の努力や達成によってまわりの世界に影響を与えたいという面があります。別の面では、人々との関係や神との経験を通して魂のつながりを求めます。後に続く章では、私たちの内にあるこの二つの面をそれぞれ〝達成を求めるアダム〟と〝魂を求めるアダム〟と呼ぶことにします。

あなたの傾向に関わりなく、厳しい競争を強いる今日の西洋諸国では〝達成を求めるアダム〟を養成し、賞賛します。一九六五年に初めてこの概念を発表したときでさえ、現代の西洋社会では〝達成を求めるアダム〟が〝魂を求めるアダム〟を凌駕しているとソロベイチックは言いました。勝ち取り、創造し、支配したいという欲求が、人との深い関係や創造主との親密さを求める気持ちを常に上回っています。

ソロベイチックが初めてこの現実に目を留めてから五十年以上が経ち、現在ではますます〝達成を求めるアダム〟に価値を置くようになりました。私たちが持って生まれた成功したいという欲求は、意味あるつながりを切望する心を圧倒し続けています。今日人々は、健全で秩序ある生き方や関係を見出すことにむずかしさを覚えています。

学歴社会を勝ち抜くプレッシャー

数年前、息子がまだプリスクールに通っていたとき、妻と私は幼稚園に入るための願書を準備していました（訳注＝カナダでは三〜四歳児はプリスクール、五歳児から幼稚園ですが、幼稚園は小学校の一部です）。小学校に入るために書類審査が行われるなんて、少し行き過ぎですよね。しかし、ジョーイのプリスクールの校長先生で私たちも尊敬するその人は、心の底から私たちのことを思って私立のある学校に入学願書を出すことを勧めました。願書の一環として、グレイビーとクランベリー・ソースをかけた七面鳥に熱々のマッシュポテトを添えた感謝祭の食事をホームレスの人に差し出す息子の写真を入れると、合格率が高まるとさえ提案してくれました。彼女は、私が牧会する教会でホームレスの人々に食事を提供していることを知っていて、そのような写真があれば強みになると考えたようです。良心の呵責から、私たちはそれをしないことにしました。というのも、当時は彼が食べているアイスクリームを一口ちょうだいと頼んでも、決して私には分けてくれないような息子でしたから。結局、私たちは息子を近所の公立の小学校に行かせることにしました。入学した翌年、私たちが住むブリティッシュ・コロンビア州公立学校の教師たちが数か月にわたってストをしたとき（訳注＝カナダでは定期的に公立学校の教師がストを敢行します）、ホームレスの人たちに奉仕する写真を撮るべきだったかもしれないと少し後悔しました。

幼稚園への願書を準備している最中、東部で学校の先生をしている友人と話す機会がありました。今日の子どもたちは、以前にも増して良い学校に入るための激しい競争を強いられていると教えてくれました。彼が言うには、そのプレッシャーのほとんどは両親から来るそうです。ある親は、子どもが生まれたらすぐにエリート高校と一貫教育になっている私立の小学校（訳注＝地域によって異なりますが、カナダではほとんどの小学校が七年生までであり、中学校がなく、八年生から十二年生までが高校になります）に入るための手続きを始めるといいます。四年生からは、家庭教師をつけます。将来の大学の入学願書に備えて、スポーツや音楽、ボランティア活動にも参加させます。「子どもの生活が、これほどおかしくなったことはなかったよ」と彼は言いました。「その原因のほとんどは、成功を求める親からのプレッシャーを子どもたちが感じているからだ。」

ユダヤ教の教師で家族関係を専門とする著名な心理療法家エドウィン・フリードマンは、かつてこう言いました。「子どもの健全性と、親の自尊心が子どもの成績によって影響を受けないことは正比例の関係にある。」つまり、親の自尊心が子どもの成績によって左右される場合、それは子どもにとって不健全な重荷となるとフリードマンは信じていました。

私の姪のダニエールは、サンフランシスコ南部のスタンフォード大学近くに住んでいます。十一年生（訳注＝日本では高校二年生にあたる）に上がる少し前に私たちの家を訪問したとき、彼女はたいてい昼過ぎまで寝ていました。普段から膨大な量の宿題に追われて慢性的な睡眠不足に陥っていたため、少しでもそれを解消したかったようです。彼女の友人たちもみなそうですが、ダニエールは良い大学に入るために良い成績を取らなければいけないというプレッシャーを感じていました。そのプレッシャーが高じて、彼女の近所ではその年に何人もの高校生が電車に飛び込んで自殺したそうです。いじめや自分の容姿を気にしてティーンエイジャーが自傷行為に走る話は聞いたことがありますが、その子たちは失敗を恐れるあまり自殺しているのです。

生徒たちが学校を卒業し、さらに競争の激しい職場に向かうと、より一層大きなプレッシャーを感じるようになります。

職場におけるプレッシャー

アップル社製品を通してこの世に多くの革新的な貢献をもたらしたスティーブ・ジョブズは、〝達成を求めるアダム〟が〝魂を求めるアダム〟を完全に脇に追いやってしまった場合を示す良い例です。ジョブズの自伝を書いたウォルター・アイザックソンによると、ジョブズは新製品の開発や成功することで頭がいっぱいで、結婚記念日はもちろん、妻や子どもたちの誕生日すら忘れていたといいます。彼の内にある〝達成を求めるアダム〟が世に送り出したすばらしい製品は評価しますが、ジョブズの物づくりの欲求は彼の内にある〝魂を求めるアダム〟

を完全に凌駕していたのは明らかです。

アップル社が上場手続きをしているとき、ジョブズは最も親しい共同設立者たちにさえ株の配当を拒否しました。彼は、勝ち負けを通してでしかこの世を見ることができませんでした。つまり「勝者がすべてを得る」という理論です。彼の公認自叙伝を元に二〇一五年に上映された映画の中で、アップル社の共同創業者であるスティーブ・ウォズニアックはジョブズに話しかけます。「君の製品は、君自身より優れているよ。」

「それが狙いだ」とジョブズは答えます。

ウォズニアックはそこで話を終わらせずに、ジョブズに反撃します。「人生は、二者択一じゃない。君にずば抜けた才能があっても、もう少しまともな性格でいられるはずだ。」

しかし、それは簡単なことではありません。〝達成を求めるアダム〟は、偉大な製品を造ることに情熱を感じます。〝魂を求めるアダム〟は、神の助けによって偉大な人になることに情熱を感じます。そして、ウォズニアックが認めるように、この二つは互いに相容れないわけではありません。仕事がよくできて、なおかついい人もいます。私たちは、〝達成を求めるアダム〟の野心と〝魂を求めるアダム〟の渇望の間にバランスを見出す必要があります。

私たちが〝達成を求めるアダム〟を優先させてしまう理由の一つとして、実績を上げれば劣等感を乗り越えられるという誤解が挙げられます。目標が達成されれば、虚しさが満たされて幸せになれると思い違いをする人が多くいます。実際、私たちの脳には幸せにしてくれるものを誤って予測する傾向があることを心理学者は指摘します。もし、人生である目標に達すれば、幸せになるだろうと私たちは予測します。

もし、いい学校に入ることができれば、幸せになれる。

いいパートナーとめぐり合えれば、幸せになれる。

副社長になることができれば、幸せになれる。

理想の家を持つことができれば、幸せになれる——。

ハーバード大学心理学部教授ショーン・エイカーによると、この「もし、〜できれば……になる」という論理は、科学的に成立しないといいます。なぜなら、脳が「成功」を経験するたびに、次に成功と思える目標を立てるからです。もし、良い成績を取ったら、今度はさらに良い成績を取らなければならないでしょう。良い仕事を得れば、次はさらに良い仕事を得ようとします。売上目標が達成できれば、さらに高い目標を必要とします。家を買ったら、今度はもっと大きな家が欲しくなるでしょう。

目標を達成するたびに、脳ではドーパミンが放出されます。それは快感を与えますが、一時的なものです。一瞬興奮を経験した後、私たちは地平線に新たな山を見つけて登り始めます。その山頂に到達できれば、自分に満足し、幸せになるだろうと期待しながら……。しかし、その山の頂上にたどり着くと、再び同じ声が心に響きます。

キリスト教でも東洋の宗教でも、お金や所有物、または勝ち取った成功から来る喜びは幸福感をもたらすものの、それはとても基本的なレベルにとどまると教えています。より次元が高く、意味があり、永続的な幸せを経験するには、別のものが必要になります。その幸せとは、次世代育成能力から来ます（訳注＝次世代育成能力 generativity とは心理学者エリク・エリクソンによる造語で、自分だけでなく次世代のために貢献する能力をさします）。つまり、真の幸せは無条件かつ無限の愛に自分自身を明け渡し、他の人に豊かないのちや幸せをもたらすことによって得られるのです。

神の愛に出会った人には、健全で喜びあふれた人として生きる特権が与えられています。無条件かつ無限の愛を受け入れるとき、この世的な成功を追い求めることから解放され、満足感や幸福感が増します。

愛の霊に満たされると、人々といのちを分かち合うようになり、私たちの幸福感は深められます。もちろん幸福は人生の目的だけでなく、自分自身を神に捧げてこの世におけるいのちの器として用いられるとき、より深く永続的な充実感も経験します。

この喜びを経験しながら生きるとき、自分を犠牲にしているというより、かえってより多くの仕事をこなすことができるように感じます。

私がテンス教会に来て間もない頃、状況が早く好転しないかとヤキモキしていました。週に七十時間くらい働いていましたが、その努力は報われませんでした。ほんのわずかな成長しか得られず、最期の時が迫っていました。しかし、結婚後に働く時間を減らすと、驚くべきことが起こりました。以前に比べて働く時間を減らしたにもかかわらず、ミニストリーはより多くの実を結ぶようになりました。教会はより健全になりました。それから七年後に私は親になり、さらに働く時間を減らしました。家族との生活が充実する一方、教会も成長することを私は見てきました。

何が違いをもたらしたのでしょうか。働く時間を短縮しながら、私はいくつかの霊的習慣——黙想や感謝の祈りなど——を積極的に取り入れるようになり、それらが神とのつながりを深め、家族やまわりの人々の心に寄り添えるように助けてくれました。それにより、仕事もうまくいくようになったのです。就業時間が終わりに近づくと、あともう少しオフィスに残って何通かメールの返事を書こうかという思いに駆られることもあります。しかし、毎日の生活の中で払う小さな犠牲が別の面では投資につながり、実り多いバランスに導くことを私は時間をかけて学びました。達成を求めるケンと、魂を求めるケンが互いに調和して働くようになりました。

この後の章で、アウグスティヌスやドロシー・デイなど歴史的に有名な人たちだけでなく、現代のクリスチャンからも、神と共に喜びあふれる豊かないのちを養い、この世においても意味ある偉業を成し遂げた人たちを紹介していきたいと思います。彼らもまた、成功に対するプレッシャーを抱いていました。しかし、分断したこの世においても、統合された美しい魂を持って生きることが可能であることを彼らの人生は教えてくれます。

†内省とディスカッションのために

一　あなたはもともと、〝達成を求めるアダム〟的傾向がありますか。それとも、〝魂を求めるアダム〟的傾向がありますか。あなたの人生の中で、それを立証する例はありますか。

二　学歴や仕事、関係、容姿、あるいは他のことを通して自分を認めてもらいたいという願望がありますか。

三　〝達成を求めるアダム〟と〝魂を求めるアダム〟の両方を自分の中でうまく統合させて生きている人を知っていますか。その人は、どのような人ですか。

四　目標を達成すること（achievement）と豊かな実り（fruitfulness）の違いは、何だと思いますか。

五　満足感は、どのようにしてより豊かな実りを導くのでしょう。

《祈り》主よ、あなたの真理によって私が生きることができるようにあなたの道を教えてください。分断されていない一つの心を私に与え、あなたに従うことができますように。

（詩篇八六・一一参照）

第二章　一つに統合された自己

最大の誘惑はお金でもセックスでもパワーでもなく、自己の拒絶である。自己の拒絶は、私たちを愛されている者と呼ぶ聖なる声と矛盾するからだ。

ヘンリ・ナウエン

二十代のはじめに、私は広島平和記念資料館を訪れました。そこで、原爆によって引き起こされた生々しい惨劇を目の当たりにしました。ほんの数分のうちに何十万人もの人が殺され、街が破壊されました。父が当時広島の少し南にいたので、それは個人的にも激しく心が揺さぶられる経験でした。被爆からわずか六日後に、父はこの壊滅した街を訪れています。

資料館では、原爆にさらされたことで蠟が溶けたように手足が曲がったり、ねじれた人々の蠟人形が展示されていました。原爆の衝撃から生き延びた人たちも高濃度の放射能にさらされ、白血病や白内障、乳がんや甲状腺がん、肺がんなどに侵されました。母親の体内で被爆した赤ちゃんには、通常より高い確率で知的障害が見られました。

創世記三章で、人類は罪によって同じような影響を受けていると教えています。私たち一人ひとりは罪という放射能のような惨状で損なわれていて、私たちの願いや行動に障害をもたらしています。神のようになれるという誘惑によって騙されたアダムとエバは、神から身を隠します。真実で美しく、すべて良きものの源である創造主から離れ、互いの存在に対しても恥ずかしいと感じ、主を恐れるようになりました。彼らはいちじくの葉で裸体を隠し、木の間に身を隠しました。

アダムとエバのように、自分の人生をコントロールできると信じ込ませる罠が私たちの周りにも張り巡らされています。愚かにも神から離れることによって、神のようになれるという嘘を私たちも信じてしまいます。創造主に背を向けると、私たちは喜びやパワー、特権に対して歪められた願望を持つようになります。それが恥や恐れを引き起こし、神や本当の自己、さらに他の人々との関係からも引き離します。醜く姿を変えた願望を持つと神の御前で自分が不健全に思えるために、さらに願望が歪められていくという悪循環に陥り、真の安らぎや幸せを遠ざけます。

イエス・キリストが神の子としての特権を捨て、自ら進んでご自分のいのちを十字架上で捧げたとき、彼の愛は放射能のように汚染された罪に対して癒やしをもたらしました。十字架の御業は神と私たちを和解させ、私たちが本来持つ真実で良い願望を回復させ、キリストの心と考えと同じくします。ということは、健全な〝魂を求めるアダム〟——神の霊によって生きるアダム——を養うためには、鬼軍曹のように自らを厳しく律して「正しく」生きようとするより、私たちの魂を愛してやまないイエスとの関係に生きる方がずっと効果的だと言えます。オーケストラが演奏直前にチューニングをする際、オーボエ奏者が澄んだＡ（ラ）の音を響かせ、他の奏者たちがそれぞれの楽器を調整するように、イエス・キリストの愛には私たちを変える力があり、魂の願いをチューニングすることができます。

アウグスティヌスは、キリスト教の歴史の中でも最も偉大な教父の一人であり、教会の神学の第一人者と謳われる人物ですが、彼の人生からキリストの愛によってチューニングされるとはどういうことかを見ていきましょう。

優先順位が変わる

アウグスティヌスは三五四年、北アフリカのタガステ（現在のアルジェリア東部のスーク・アフラース）に生まれました。彼の父パトリキウスは小さな土地を所有する地主で、聡明で才能豊かな息子に対して母モニカと共に大きな期待を寄せていました。子どもの頃アウグスティヌスはいたずらっ子でしたが、頭脳明晰でロマニアヌスという裕福なパトロンを得て教育を受けています。十七歳のとき勉学のためにカルタゴに行き、古典や弁論術に秀でました。今日の若者と同様、彼もまた成功したいという欲求に突き動かされていました。人々からの賞賛を求めていた彼は「名誉に憧れ」、「永遠に人々に語り継がれるような人になりたい」と願っていました。

学業を終えた後、アウグスティヌスはカルタゴで弁論術の教師となり、その後ミラノで文学の教授となりました。やがて彼は、ローマの宮廷で皇帝の前でスピーチをするという大いなる栄誉を受けます。それは、最大級の成功の証でした。一方、成功欲の他に彼はもう一つ飽くなき欲望を持っていました。彼は愛人との間に子どもをもうけましたが、母親からの強い勧めもあり、出世につながる結婚をするためにその関係を断ちました。その少女が結婚年齢に達するまでの二年間も、彼は自分の性欲を満足させるために別の愛人を持っています。自分の才能を磨き、注意深く誰と付き合うかを選別することによって、アウグスティヌスは自らの力で運命を切り開き、自らの手で魂の舵を取る生き方を求めていました。誰もが、彼は夢を現実にしていると認めていました。人々の期待はうなぎ上りで彼の名声は上がる一方、彼は性的に奔放な生活を送っていました。

しかし、そのどれもが心に幸福感や平安をもたらさなかったと彼自身が認めています。皮肉にも、成功すればするほど不満が募りました。後に「あなたの内に安息するまで、私たちの心は平安を得ることがない」と著書『告白』の中で記しています。〝魂を求めるアダム〟からの欲求に目覚めた彼は、観想的な生活を送るためにこの世から退くことも考えました。この世的な野心は労苦の源で愚かしく、野心のために「自分の不幸を引きずる」羽目になった、と彼は友人たちに打ち明けています。神からの招きには気がついていたものの、抵抗しました。神に魂をゆだねると、これまで享受してきたこの世の楽しみが奪われてしまうと恐れたからです。徳の高い人になるためにキリストを求める一方、彼を引き留める何かがありました。そのような決断をする準備ができていないと感じ、「私を清めてください」と彼は祈りました。「でも、もう少し待ってください。」

三十歳頃になったある日、アウグスチヌスはミラノにある小さな庭で過ごしていました。彼は心に何か揺り動かされるものを感じると、子どもが語る声を聞きました。「手に取って、読みなさい。手に取って、それを読みなさい。」その声は自分に語られていると感じ、彼は聖書を手に取って最初に目に入った箇所を読みました。「主イエス・キリストを着なさい。欲望を満たそうと、肉に心を用いてはいけません」（ローマ一三・一四）。彼の魂が、光で満たされました。影は押し流されてしまいました。一時的で世的な快楽を放棄し、キリストのために生きたいという新たな願いを感じました。後に彼は、成功の頂点に向かう途中で「この世的な野望」から救われたと記しています。

出世することや性的快楽を求める生活とはきっぱりと決別したいと願い、彼は生まれ故郷に戻ります。タガステでアウグスティヌスは小さな隠遁的なコミュニティーを作り、観想と聖書の学びを育成する生活に励みました。日々生ける神と出会い、祈りの生活に努める中で、アウグスティヌスの願望の優先順位が変わりました。「自分が願ったことが、叶えられなくてよかったと思いました。」

アウグスティヌスは人里離れたこの修道院のような所で残りの人生を過ごすだろうと思っていましたが、神には別のご計画がありました。ある人に助言を与えるためにヒッポという海辺の街に向かう途中、そこに住む人々が彼をつかまえて司教の前に連れて行き、彼を牧師として任命してほしいと頼みました。

教会史を塗り変えるような牧会と執筆活動が、こうして始まりました。

若いとき、アウグスティヌスは肉的な思いを満たす生活を送りたいと願っていました。有名になりたいという願いも、その一つです。彼の願いは園において出会ったキリストによって変えられましたが、不思議なことにそれらの願いも予期せぬ形で叶えられました。アウグスティヌスは禁欲的な独身生活を送っていたものの、聖餐式のパンとワインによるキリストの養いによって深い満足を得ました。もはや名声を求めることはありませんでしたが、やがて彼は歴史に名を残す教父として最も有名な人物となったのです。

野心から統合へ

アウグスティヌスの物語は、現代の生活の中でも神がどのように働かれるかを知る上で助けになります。神に引き寄せられるとき、私たちの願いも贖われ、広げられます。さらにアウグスティヌスが四世紀に発見したように、それらの願いは予想もしなかった形で叶えられます。キリストに人生をゆだねることにより、私たちの願いが根本的に調整されるだけでなく、もっと大きく充実した人生――決して小さくなることはありません――をもたらします。振り返ったときに初めて、神の方法は私たちの方法よりはるかにすばらしいことに気がつきます（イザヤ五五・九）。

私は、母の人生でそのことが実現したのを見ました。母は、第二次世界大戦後の貧しい日本で育ちました。勉強に励んで東京のある高校で良い成績を収め、日本の学生が海外で学ぶことが珍しかった時代に、彼女はカリフォルニア大学バークレー校を卒業しています。さらに、ニューヨークのコロンビア大学で修士号を取得しました。やがて五人の子どもの母親となり、いつの時代にもいる教育ママの一人として〝達成を求めるアダム〟的野心を自分の子どもたちに投影し始めます。彼女の最大の望みは、五人の子どもすべてが大学院を修了することでした。それが、彼女にとって人生の成功を意味していました。

私は成長するにつけ、母にとって悩みのタネとなりました。全く勉強に興味がなかったからです。小学校のときは本を読むのが大嫌いで、好きなことと言えばストリート・ホッケーだけ。そこで、母は私と契約を交わしました。それは、一ページの読書感想文を書けば――書いたときに限り――家の前のカルデサック（訳注＝袋小路で、車がほとんど通ることない道路）でホッケーをすることができるというものです。ですから、私は涙を浮かべながら机に向かい、部屋の窓から近所の子どもたちが楽しそうにホッケーに興じる様子をうかがっていました。何年間も私はたくさんの一ページの感想文を書きましたが、不思議なことにそれらはすべて似かよっていました。本のタイトルの後にコンマを打ち、お決まりの文章がその後に続きました。「これは、とてもいい本でした。」どうやって一行で一ページを埋めたかというと、極太のサインペンを使ったからです。

本当はアイスホッケーをやりたかったのですが、道具にかかる費用が高く、私の家にはあまりお金がありませんでした。練習時間も、信じられないほど早朝にありました。母は、再びある約束で私を釣ろうとしました。「もし学校で、すべてAを取ったら、アイスホッケーをしてもいいわよ。」当時、私の成績はすべてDでした。しかし、アイスホッケーをしたいがために、どうにかオールAを取ることができました。しかし、アイスホッケーを始めた途端、成績がAからDに逆戻りしたことは言うまでもありません。

私がティーンエイジャーになった頃に母がキリストへの信仰を新たにすると、家の中で変化が起こりました。彼女の心の中で、〝魂を求めるアダム〟から来る情熱や願いが主張し始めたのです。彼女の価値観が変わり、私たちに良い成績を取るようプレッシャーをかけなくなりました。自分に与えられた恵み深い神の愛を理解するにつれ、人から認められたいという欲求からも解放されました。神からの備えに対する確信が増し、時間の経過とともに良い成績や良い学校に入ることよりも、子どもにとってもっと大切なことに気づいたのです。私たちがキリストに従うこと、そしてキリストの人格を反映するような人になってもらいたいと母は願うようになりました。

いくつかの大学に願書を送り始めた高校三年生のとき、母が私に言ったことを今でもはっきりと覚えています。「名声や高収入が期待できる職に就くために、学校を選んじゃダメよ。あなたの人生で神の召命を全うすることができると思える学校を選びなさい。」二年ほど後、私の妹はまだ中学生でしたが、母は彼女にも似たようなことを言いました。「知性は大切だけど、優しい人になることの方がはるかに大切よ。」イエス・キリストと出会って自分の人生を明け渡したとき、〝魂を求めるアダム〟が母の心で開花しました。神の愛で満たされたとき、人に対する彼女のビジョンはより崇高なものになり、不安が減って喜びと満足感に満たされるようになりました。

皮肉なことに、彼女の五人の子どもはすべて修士号や博士号を手にしました。しかし、若い頃抱いていた子どもの教育に関する野心は、なくなっていました。彼女の野心は、神によって新たにされていました。野心が十字架にかけられ、復活し、キリストのうちで実現したとき、この世の成功から来る束の間の満足感よりもさらに偉大なものを彼女は得ました。神との豊かな関係から来る、深く永続的な幸せです。

ここで、一つはっきりさせておきたいことがあります。勉強や音楽、スポーツ、ミニストリー、あるいは仕事で秀でたいという野心を持つことは、本質的に悪いことではありません。それらの望みは高尚で、神によって与えられている可能性もあります。しかし、キリストが人生の中心であるときに抱く最上位の野心は、それとは比較にならないほど偉大なものになります。私たちがキリストを深く知り、神からの召命に従うことにより、傷ついたこの世が神の御国のすばらしさと正義を反映したものに変えられていくことを切に求めています。

より深い魂の世界へ

私たちの野心が贖われると、世的に成功する必要性から解放され、より深く一つに統合された生き方ができるようになります。たとえこの世から成功と見なされることを成し遂げたとしても、その成功は強迫観念から来たものではありません。健全な〝魂を求めるアダム〟を持つと、人から尊敬や承認を受けようとして成功を追い求めることをしなくなります。人生で神の御心を求めることができるように、私たちを解放してくれます。

私のメンターであり親しい友人でもあるレイトン・フォードは、天職において実際この自由を満喫しています。わずか十四歳のときから、彼は高校生のためのミニストリーであるユース・フォー・クライストにおいて巡回説教を始めました。実年齢よりかなり背が高く、精神的にもしっかりしていたので、ミニストリーの責任者は彼を十八歳だと思い、多くの責任を任せていました。レイトンは神のための野心を抱き、ひたむきな〝達成を求めるアダム〟をもって人々に意味ある影響力を与えたいと思っていました。

ホイートン大学を卒業後、ビリー・グラハムの妹のジニーと結婚し、アメリカのキリスト教界ではセレブ（著名人）と見なされる家族の一員となりました。レイトンは人々の期待の星として、世界中にある巨大なスタジアムで説教しました。アメリカ宗教遺産会は彼をある年の最高聖職者に選び、タイム誌は有名な義理の兄ビリー・グラハムの最も有力な後継者と指名しました。

レイトンの息子サンディーは、陸上競技のランナーとして活躍していました。しかし、予期せぬことに、彼は不整脈を起こす珍しい心臓病と診断されてしまいます。手術を受けた後しばらくの間、サンディーの症状は落ち着いていました。しかし、二十一歳の誕生日の直後、大学のルームメイトと一緒に走っているとき、再び不整脈が起こりました。その数日後、手術の最中に彼は亡くなってしまいました。

サンディーは、大学で学生のリーダーをしていました。ガールフレンドもいました。そして、いつか父親のように福音を伝える者になりたいという夢を持っていました。

サンディーの葬儀から数日後、レイトンは遺品を引き取るため大学近くにあったサンディーの部屋に行きました。サンディーのベッドの側に日記帳があるのを目にし、ちょうど前年の夏フランスでの宣教旅行の最中に書かれたページが開かれていました。

私にはまだ、人生でやりたいことや夢がある。しかし、私にとって人生はあまりにも短いと感じ始めている。

サンディーの机に目を向けると、書きかけの詩があることにレイトンは気がつきました。そのタイトルは「お父さんへ、五十歳の誕生日に」とありました。その詩に書かれた言葉は、今日に至るまでレイトンの心に刻み付けられています。

あなたの外套を身に着けることができるとは
何という光栄でしょう。
あなたの霊を二度も受け継ぐことができるとは。

その時から、あなたは私となり、私はあなたを引き継ぎます。

レイトンは泣き崩れました。このすばらしい人生の約束、もはや成就することのない約束、息子の肩にかけられることがない外套について思いを馳せました（訳注＝旧約聖書で預言者が外套を身につけていたことから、外套は神のみことばを取り次ぐ召命のしるしであり、聖霊の象徴でもあります。サンディーの詩に出てくる外套は、Ⅱ列王記二章に描かれているエリシャがエリヤの外套を受け取ることによって、エリヤの後継者となったことを暗示していると思われます）。

焼け付くような痛みと喪失感の中、神がレイトンを引き寄せておられるように感じました。聖霊から、新しいミニストリーに対する招きを受けているように感じました。そのミニストリーは、今浴びているスポットライトから外れることを意味します。一対一の霊的メンタリングを通して、若い人たちが神のための「レースを走り抜く」ことを助けるスモールグループに人生を捧げるよう導かれていると感じました。レイトンが経験した苦しみと神の愛は、最も大切なものを明らかにしてくれました。奇妙に聞こえるかもしれませんが、痛みを通して彼は普通の人が考える「成功」の定義から解放されました。

ビリー・グラハムのチームと共にロックスターのようにスタジアムを駆け巡る伝道者という

立場に比べると、レイトンの新しいミニストリーはあまりにも控えめで目立たないものでしたが、人々に意味ある影響力をもたらしたいという彼が若いときから抱いていたビジョンは、美しくも予期せぬ形で成就されました。何十年にもわたって、レイトンは「魂のアーティストであり旅路の友」として、少人数の人々と深い歩みを共にしています。時を経て一つの献身による波及効果は世界中に、またあらゆる世代に広がり、永遠へと続いています。レイトンからメンタリングを受ける若い人たちは、「よりイエスのように、より多くの人々をイエスに導く」ために力をもらっています。

スピリチュアル・ディレクション（霊的同伴）という控えめなミニストリーを通して、現在八十代のレイトンは多くの息子や娘たちから祝福を受けています。彼は、もはや若いときのような「キリスト教界のセレブ中のセレブ」ではありません。しかし、彼の影響力は深く広範囲に及んでいます。今彼は自分らしく生きながら、自分の人生と召命に心から満足しています。彼は、健全な〝達成を求めるアダム〟と、個人的で愛情深い関係に重きを置く〝魂を求めるアダム〟がうまく一つに統合された良い例です。レイトンのミニストリーの外套はサンディーの詩が予言した通りにはなりませんでしたが、彼の多くの霊的息子や娘たちの上に落ちました。

恐れから愛へ

レイトン・フォードのように重要なキャリアや成功を捨て、別の道を選ぶことができる人は失敗を恐れていません。彼らは、神の愛と受容を深く知るところから得られるしっかりとした自分のアイデンティティーを持っている人たちです。

私と同様、あなたもそのような満足感と安心を得たいと願っているかもしれません。人と比べて自分が劣っているように感じてしまう人は、決して少なくないでしょう。私たちはみな自分にとって大切な人、例えば親や上司、先生、友達などから評価されたいと願っています。そのため、自らほとんど不可能で過剰な期待を目標として掲げてしまう場合があります。しかし、それがどのような目標かにかかわらず、私たちの根本的な問題は自我が強すぎることではなく、弱すぎることです。真の満足感は、〝達成を求めるアダム〟を失うことによってではなく、自分の野心と神から愛されていることから来る魂の満足感が一つに統合されることによって得られます。

パーティーでカリスマ性を持った人や成功している人に出会ったり、同年代で自分より早く成功を収めている人の話を耳にすると、私はよく自分の至らなさを責めてしまいます。しかし、自信に満ち溢れているように見えても、心の中では至らなさを感じている人もいます。自分の至らなさを覆うために、偽りの自信を投影している人もいます。

私も自慢話や話を大袈裟にしている自分に気づくとき、その傾向があると感じます。それらは、人から受け入れられないことに対する恐れの現れです。

成功したいという思いに駆られる理由の一つは、人々から受け入れられたい、尊敬されたいという人間が持つ根本的な欲求です。しかし、少しばかりの受容や尊敬を経験するだけでは、その欲求は満たされません。より深い受容や愛が必要です。私たちが創造主から受け入れられ愛されていることを心から知ると、承認欲求を満足させる必要性から解放されます。不思議なほど、人がどう思うかそれほど気にならなくなります。

ブレイデンはサッカーが大好きな五歳の男の子で、地域のサッカーリーグの練習初日にやって来ました。しかし、練習中に年上の子どもたちからいじめを受けてしまいます。ブレイデンが他の少年からからかわれたり、ばかにされたりしていることに気がつくと、彼の父親はすぐさま子熊を守ろうとする父熊のようになりました。

しかし、父親が仲裁に入る前に、ブレイデンはいじめっ子たちに応戦していました。

背筋を伸ばして両手を腰に置き、いじめっ子たちにこう宣言します。「僕は、間抜けなチビなんかじゃないぞ。お父さんは、僕のことをサッカー選手だって言ったんだ。」

ブレイデンにとっていじめっ子たちの言葉より、父親が自分をどう見ているかの方がはるかに大きな力を持っていました。父親からの愛と自己承認が彼のアイデンティティーを守り、立ち向かう力を与えたのです。

聖霊の助けを通して天の父がどれほど愛してくださっているかを知るとき、私たちも人がどう思うかあまり気にならなくなるでしょう。

競争から召命へ

神の完璧な愛は拒絶された経験を癒やしてくれるだけでなく。恐れからも私たちを守ってくれます。「全き愛は恐れを締め出します」（Ⅰヨハネ四・一八）と使徒ヨハネは書いています。それは神によって健全でしっかりとした自信が培われると、私たちは人と競ったり、比較する必要性から解放されるからです。

スティーブンは世界でも有数の名門大学の若い教授ですが、大学への多大な貢献が認められて終身在職権が検討されていました。その大学で若い教授に終身在職権が与えられることはほとんどなく、彼の年でそれが検討されること自体が異例でした。

学部長はまた、スティーブンをある同僚の女性と共に名誉ある特別研究員の候補者として推薦してくれました。特別研究員になると、多額の金銭贈与が与えられるだけでなく、学会のエリートの仲間入りも果たします。彼の大学から推薦される候補者はただ一人だと知り、スティーブンは互いの願書を読み、より良いものにするよう助け合うことをその女性に提案しました。数週間後、願書が提出され検討された結果、学部長はスティーブンを部屋に呼び、彼が候補者として選ばれたことを告げました。

スティーブンが次に出た行動は、ほとんどの人にとって信じがたいものでした。学部長には感謝を述べつつ、自分は候補者に値しないと学部長に告げたのです。「私は彼女の願書の作成にも携わりました。この点が見逃されています。ここが、彼女が挙げた功績のすごいところです。」彼の説得が功を奏して学部長は考えを変え、彼の代わりに同僚の女性が候補者となりました。

このようなことを誰がするでしょう。これは、見せかけの謙遜ではありません。スティーブンはすばらしい論文を書き、大学に一五〇〇万ドルの純利益を献上しました。彼は、野心――力強い〝達成を求めるアダム〟――を持っていましたが、正直なところ同僚の願書の方が優れていると思いました。真にキリストに従う者として、特別研究員になることと、自分のアイデンティティーとは何の関係もないことを知っていました。もしなれたら、もちろん彼は喜んだことでしょう。しかし、スティーブンは神から深く愛されていることを知っていました。裸であったアダムとエバが獣の皮で覆われたように、彼の内面は恵みによって覆われていました。だからこそ、この世的な成功は彼には必要なかったのです。彼は自由でした。もっと偉大で喜びをもたらすもの――彼のために用意された神の御心――を追い求めるために、解放されていました。神との親しい関係を享受していたために、スティーブンの野心は自分のためではなく、彼の召命に向けられていました。さらに、彼の願望が正しい優先順位を保っていたので、深い充足感で満たされていました。

焦燥感から恵みへ

もし、人から愛されたいがために偉大なことを成し遂げようと躍起になるなら、私たちは成功の奴隷となります。焦燥感から成功の階段を昇り、たとえその頂点に昇り詰めたとしても、満足感が得られず虚しく感じることでしょう。しかし、別の生き方もあります。アウグスティヌスや私の母、レイトン、スティーブンのように、自分が愛されていることを知り、その愛への応答としてこの世に貢献したいと願うなら、私たちは恵みの子どもとなります。自分が持っているすべてのものは、神からの賜物として見るようになります。深い感謝の気持ちから、私たちは自分の最善を尽くすようになります。

私の妻の早基子が生まれる前から、彼女の父親の心ははっきりしていました。すでに長女がいるので、今度は男の子が欲しい――。ですから、早基子が生まれると、彼はとても失望しました。さらに悪いことに、日本ではこの世代の男性のほとんどがそうであったように、彼は仕事で忙しく家庭では不在でした。早基子は、父親から愛されていないという思いを持って育ちました。

二十代前半でキリストを信じるようになって間もなく、早基子は神が何かを語りかけておられるように感じました。「あなたはイサクです」という声が心に響きました。なぜイサクと呼ばれたのか、そのときは理解することができませんでした。聖書でイサクの話を読み始めると彼は約束の子であって、アブラハムとサラは何十年も子どもに恵まれなかったために、イサクは心の底から望まれて与えられた子であると知りました。イサクの物語を読むと「あなたは望まれて生まれてきた、約束の子です」と神が語ってくださっているように感じました。自己肯定感を与えてくれるこの言葉は彼女の心にとどまり、神から深く愛されていることを知るようになりました。

その後、早基子はガラテヤ人への手紙四章二八節にあるパウロの言葉を読み、キリストに属する者はすべて「約束の子ども」であることを確認しました。この言葉は、妻だけのものではありません。私たちすべての者にとって、真実な言葉です。あなたの人生を神にゆだねるなら、あなたも神の家族の一員となります。あなたもイサクです。アブラハムの子どもです。心の底から望まれ、完璧な天の父によって愛されています。神の愛によって恵みの子どもとして新しいアイデンティティーを持って生きるようになると、早基子は欠落感や承認欲求から解放されました。同じことが、あなたにも起こります。

四年ほど前、二〇一一年三月十一日の東日本大震災で壊滅的な被害を受けた福島県と仙台に招かれました。そこで初めて、私はソン・ソルナムの演奏を耳にしました。ソルナムはもともと韓国人で、父親が会社を経営していた韓国で幼少期を過ごしました。その会社が倒産すると、父親は将来の見通しが明るいアメリカに移り住むように家族を促します。父は一人韓国に残って、仕事を見つけることにしました。

父以外のソルナムの家族は、叔父が住むアメリカ東部の寝室が二つしかない小さな家に引っ越します。他の親戚も移り住み、やがてその小さな家は十四人もの人ですし詰め状態になりました。叔父さんの家族も貧しく、テレビを買うお金もありませんでした。たとえテレビを一台買うことができたとしても、それを置く場所さえありませんでした。

ソルナムの姉のミンはとても頭が良く、後にジョージ・W・ブッシュ大統領から賞を受けるほど非凡な才能に恵まれていました、姉に比べると、自分は無きに等しい存在だとソルナムは感じていました。人に紹介するときも、母親は彼のことを「ミンの弟です」と言いました。自分は名前すら呼んでもらえない、つまらない人間のように感じました。さらに、学校生活によってますます劣等感にさいなまれるようになります。片言の英語しか話せない十歳の韓国人ソルナムはいつも学校でからかわれ、いじめにあっていました。昼休みは、トイレの中に隠れて過ごしたものでした。

ある日、トイレの中に隠れていると、溢れる涙をこらえきれず叫びました。「人生は、どうしてこんなにも不公平なんだ？　お姉ちゃんのように頭も良くないし、お母さんからも愛されない。僕がこの世に生まれてきたのは、まちがいだったんだ！」

驚いたことに、それに応答する声がソルナムの耳にはっきりと聞こえました。

「あなたは、まちがって生まれて来たのではない。あなたはわたしの息子。わたしはあなたを愛している。あなたについて、お母さんさえ知らないことをわたしは知っている。あなたの髪の毛の数さえわたしは知っている。」次に、その声は彼に命じました。「トイレから出て来なさい！」

ソルナムは我に返り、トイレから出ました。そのとき、確かに神から愛されているという、今まで感じたことがない思いで満たされました。新たに芽生えた自信を胸に学校の廊下を進んで行くと、音楽が耳に入ってきました。吹奏楽部が練習をしている最中で、ソルナムはリハーサル中のその部屋に足を踏み入れました。指揮者は部屋の隅に立っている彼を見て、バンドに参加してみないかと誘いました。

その日まで、ソルナムはほとんど音楽を習った経験がありませんでした。韓国でほんの少しフルートのレッスンを受けたことがありますが、ドレミファソラシドの音を出すことができた程度です。恥ずかしがり屋のため、普段なら拒絶されるリスクを避けて、そのような招きを断るところです。しかし、創造主から深く愛されているという思いに満たされたために、誘いに応じてみました。指揮者は彼にフルートを差し出し、ソルナムは吹き始めました。

半年ほどフルートの練習を重ねるうちに、ソルナムにはフルートの賜物があると先生は確信しました。正式なレッスンは受けていませんでしたが、十三歳のときソルナムはニューヨークにあるジュリアード音楽大学のプレ・カレッジに入学願書を出しました。そのオーディションを受けるために順番待ちをしていると、いい洋服を着て彼の前に並んでいる受験生は有名な大企業の令嬢だと知りました。彼女が持っていたフルートは、非常に高価なものでした。彼女は、子どもの頃から最高の先生のもとでレッスンを受けてきたと彼に説明しました。

テープを貼って修繕した中古のフルートを恥ずかしく思いながらも、ソルナムは緊張しつつ音楽家や教授陣の前に立ち、演奏しました。演奏が終わったとき、教授たちは身を寄せ合い、ときに笑い声をあげながら何かを囁き合っていました。その中の一人が、ニヤニヤしながらソルナムに聞きました。「どうして君は、そんなに古くて安い楽器でオーディションを受けたのですか。」

「これが唯一、私に買えたフルートだからです」とソルナムは答えました。

一週間後、彼はジュリアードから手紙を受け取りました。彼は合格しただけでなく、奨学金も与えられました。

ソルナムはリンカーンセンターやカーネギーホールなど、世界中の有名な場所で公演するようになりました。しかし、すべての成功の原点が神に愛されていることにあることを彼は決して忘れません。その恵みに対する感謝のしるしとして、彼は福島や仙台で多くのチャリティーコンサートを開きました。自分自身が祝福されたので、美しい音楽で慰めをもたらすことによって、苦しんでいる人たちを祝福したいと心から望んでいます。

人からの愛や尊敬を得ることが目的で、行動する人も多いでしょう。一生懸命働くことは、別に悪いことではありません。しかし、ソルナムの音楽の美しさと喜びの源は、人から得る称賛ではありません。天の父によって愛され、尊ばれているという揺るぎない確信がその源です。彼は成功に仕える奴隷ではなく、恵みの子どもです。

承認欲求から受容へ

早基子やソルナムのように、私自身も神の深い愛に気づいた経験がいくつもあります。クリスチャンになって間もない頃にひとりバス停に立っていたとき、ガールフレンドと別れた直後の辛い時期、そして自分の子どもが生まれたときなど、私も神の愛を深く感じました。しかし、私は忘れっぽい性格で、自分が愛されていることを忘れて過ごす日が多くあります。まちがった理由から成功を求めている自分に気づくときもあります。自分の心を探ってみると、人からの尊敬を受けたいがためにすばらしいことをしたいと願う自分を発見します。また、自分の賜物を使うと、うまくいくことがよくあります。しかし、それは麻薬のようなものです。欲望を満足させ続けるためには、ますます大きな刺激が必要になります。成功や自己承認の虜になっている人に、希望はあるのでしょうか。

「自分が受け入れられているという事実を受け入れなければならない」と、偉大な神学者パウル・ティリッヒは教えました。説教原稿の余白に「これは自分に対する言葉」とティリッヒ自身が書き添えていたと言い伝えられており、私はそのことにも共感を覚えます。

あなたは、自分が受け入れられているという事実を受け入れていますか。

愛されている者だという確信はありますか。

恵みの子として、あなたは生きていますか。

そう望んではいるけれど、どのようにすればそれを実践できるのか。どうすれば、自分が受け入れられていることを受け入れられるのか……とあなたは心の中でつぶやいているかもしれません。

私は経験によって、恵みや愛——自分の力では得ることができない、また受ける資格のない——は、日々の生活の中で神のための空間を作る霊的習慣を行うことによって深められることを発見しました。それらのいのちを与える習慣は、不安で落ち着きのなかった私をありのままの姿でも安心していられるように変えてくれました。承認欲求からではなく、自分に与えられた恵みへの深い感謝の気持ちから貢献したいと思うようにもなりました。霊的習慣を通して聖霊が働かれるので、人からの承認を得るためでなく、神からの承認をいただいて生きるように解放されました。

確かに、神は常に私たちと共におられます。まわりの人々や被造物、そして聖書を通して日々私たちに手を差し伸べておられます。私たちの記憶や願いを通して、神は語りかけてくださいます。しかし、悲しいことに、私たちのほとんどの者は注意力が散漫なためにそれに気がついていません。

だからこそ、私たちの魂がいのちを保ち続けるために、霊的習慣はなくてはならないものなのです。この本で紹介している習慣は、神の御臨在に私たちが目覚め、神から愛されている子どもとしての新しいアイデンティティーを持って自由に生きる力を与えてくれます。毎日の生活の中でもっと神の御臨在に気づくことができれば、バカ、価値がない、醜い、負け犬といったレッテルが剥がれ落ちます。そして、それらは別の言葉に置き換えられます。私たちを創造された方からの真実な言葉とは、愛されている者、美しい人、祝福された者です。

†内省とディスカッションのために

一　アウグスティヌスの心の葛藤にあなたは共感しますか。自分を認めてもらいたくて、名誉や成功を手にしたいと思ったことがありますか。

二　ケンの母親やレイトン・フォードのように、神によって野心が変えられた人を知っていますか。

三　自分の人生は、期待はずれに終わるのではないかと心配したことがありますか。もしそうだとすると、それは誰の期待ですか。

四　あなたはすでに神から受け入れられ、そのために何もする必要がないと聞いて、どのように感じますか。それを信じることは、あなたにとってむずかしいですか。

五　神から愛されていると感じるために、どのようなことが助けになりますか。

六　愛されていると感じるための障壁となっているものは、何ですか。

七　どうすれば、成功の奴隷ではなく、恵みの子どもになることができますか。

《祈り》アバ神よ、私をあなたの愛する子どもとしてくださってありがとうございます。あなたとの関係を楽しむことができるように、私の心を訓練してください。私が受け入れられているというすばらしい真実を信じることができるように、私の心に聖霊をお送りください。あなたの養子となったことを現実として受け止めることができるように、私の考え方や感情、行動を変えてください。

第三章　霊的習慣

霊的習慣は、自らを神の御前に置くことで霊的変容を可能にする。

リチャード・フォスター

私は忘れっぽい人間です。ですから、帰宅途中に牛乳を買うように頼まれると、付箋に牛乳と書いて財布に貼っておきます。オフィスに着くと、別の付箋に牛乳と書いて通勤に使っている自転車のイスに貼り付けておきます（お察しのとおり、私はかなり忘れっぽい人間です）。人は、すぐに神のことを忘れてしまいます。忙しかったり、何かに夢中で取り組んでいるときは特にそうです。目標が達成したときに脳内で分泌されるドーパミンを求め、仕事から仕事へと追われる毎日を送りがちです。

私たちには、それとは別の生き方が与えられていることも忘れています。霊的習慣は私たちの焦点を神の御臨在に合わせ、常に神が共におられることを思い起こさせてくれる付箋のような働きがあります。しかし、飛行機のエンジンが機体を高度三万フィートに引き上げるように、それらの習慣が私たちを天に引き上げてくれるわけではありません。私たちはすでに、神の御臨在の中にいるのです。どちらかと言えば、目に見えない神の御臨在に波長を合わせてくれるような働きが霊的習慣にはあります。私たちはその中で生き、動き、存在しています(使徒一七・二八)。それらの習慣は一時的な高揚感を与えるものではなく、深い喜びと確かな愛の関係を育むものです。

誰に属しているかを思い出す

映画『50回目のファーストキス』の中で、ドリュー・バリモアが演じたルーシーは自動車事故に遭って脳に後遺症を負ってしまいます。それは珍しい短期記憶喪失障害で、夜寝るたびに彼女の記憶はリセットされてしまいます。アダム・サンドラー扮するボーイフレンドのヘンリーは五十回も「初めての」デートに彼女を誘い、彼らが恋人同士であることを繰り返し説得し、互いに愛し合っていることを彼女が思い出すよう努力します。どれほど奇想天外であっと驚くようなプランを立てても、個々のデートは失敗に終わります。そこで彼はビデオを作り、二人の物語を彼女に思い起こさせます。彼女は毎朝そのビデオを何度も繰り返し見ることによって、ヘンリーによって愛され、自分も彼のことを愛していることをゆっくりと思い出していきます。

ルーシーのように、私たちも創造主によって深く愛されていることをいとも簡単に忘れてしまいます。霊的習慣のリズムは、私たちが誰に属し、誰に愛されているのかを思い出させてくれます。

自分は誰なのかを思い出す

私たちの心は、神に愛されているという意識を常に持って生きるように訓練することが可能です。それは抽象的に聞こえるかもしれませんが、とても実際的なことです。日々の生活の中で神とリアルな関係を持って生きることができると、私たちの生き方に大きな変化をもたらします。自分が愛されていることを知ると、失敗に対する恐れが減り、大胆に生きることができます。例えば、もともと失敗することに対する恐れがとても強い私でも、この不完全な本を世の中という大海原に送り出すことができました。批判を受けて撃沈する可能性もありますが、私はすでに神に受け入れられているので大丈夫です。無条件の愛に抱かれていることを知ると、たとえ失敗しても自己嫌悪の海で溺れることはありません。浮力を保って、泳ぎ続けることができます。

成功するとそれは神の恵みによると認めることができ、逆説的に聞こえるかもしれませんが、自信が増して謙遜になります。

私たちの多くは――たとえ頭で神は愛だと信じていても――、愛されていると心から信じることにむずかしさを覚えています。

ひどく単純なことに思えても、ほとんどの人にとって「自分が受け入れられているという事実を受け入れること」は決してたやすいことではありません。

人が直面する最も厄介な誘惑は自己の拒絶だと、洞察力に優れた神父ヘンリ・ナウエンは言いました。セックスや人気、権力ではありません。それらの誘惑は確かにとても現実的ですが、そこにはたいてい別の深い要因が隠されています。セックスや人気、権力を求める根本的な理由は、受け入れられたい、尊敬されたいという切実な願いです。自己の拒絶が最も厄介な誘惑であるのは、私たちを愛されている者と呼ぶ聖なる声に反するからです。さらに愛されていることこそが、私たちの存在を根本から支える真実だからです。

自己の統合を助ける習慣

霊的習慣は霊の耳を開き、愛されている者と呼ぶ聖なる声を聞こえるようにしてくれます。心の目に光を与え、私たちの存在を根本から支えるこの真実を受け入れることを可能にします。

文字通り（あるいは比喩的に）山頂に立つとき、あるいは美しい音楽を聞いたり、生まれたばかりの赤ちゃんを抱っこしたり、自分の前に新たな機会が開かれるのを目の当たりにするとき、溢れるばかりの神の愛を感じることはそれほどむずかしいことではありません。しかし、そのような鮮烈な思いは一時的なものです。霊的習慣は、神から愛されているという根本的な真理を継続的に意識するよう私たちの心を訓練するためのものです。過去に衝撃的な回心の経験をしたとしても、霊的な記憶喪失のために私たちは神の愛に毎日目覚め、新生の体験を繰り返す必要があります。霊的習慣を通して聖霊に自分を明け渡し、キリストの愛によって生まれ変わる経験を何度も繰り返さなければなりません。

それをするとき、ルーシーのように自分が誰のもので、誰から愛されているのかを思い起こすようになります。そして、豊かな神の愛の中に生きるとき、私たちは新しくされるのです（エペソ三・一四～一九、Ⅱコリント五・一七）。

しかし、忙しい日々の生活の中で実際そのようなことが可能でしょうか。これから、特に行いや結果によって自分を評価しがちな人たちに適したいくつかの霊的習慣を短く紹介します。続く章で、さらに深くそれら一つ一つの魂の習慣を見ていきましょう。

●黙想

朝起きて、あなたはまず何をしますか。ほとんどの人はスマートフォンを手に取ってラインやメール、あるいは最新のニュースをチェックするでしょう。この十年ほどの間ですっかり浸透したスマートフォンが、私たちの生活をどれほど変えたか計り知れません。

私は朝起きてすぐにラインやメール、インターネットをチェックしないと意識的に決めています。それらが本質的に良くないからというわけではありません。そうすることで私の頭が別の方向に向かってしまい、思考が即座にToDo（やること）リストに支配されてしまうからです。ですから、朝一番にスマートフォンをチェックしません。

その代わりに、私は神の御臨在に意識を向けることから一日を始めます。第四章でさらに詳しく説明しますが、毎朝十五分から二十分間座り、深い呼吸をすることから私の一日は始まります。この習慣は、マルチタスクな私の脳を鎮めてくれるように感じています。

「静まれ」（詩篇四六・一〇、口語訳）や「待て」（イザヤ四〇・三一参照）など聖書から一つのフレーズやみことばを用いることで、気が散りやすい私の頭を神に集中させ、その日一日を通して恵み溢れる神の御臨在に気づくように助けてくれます。ちょうど朝のエクササイズが気分を高め、それが一日中継続するように、朝の黙想という単純な習慣はあわれみ深い神の目が自分に注がれていることを一日中意識させてくれます。

神は常に私たちと共におられるにもかかわらず、ほとんどの場合私たちはその御臨在に気がついていません。朝の黙想、あるいはわずかな時間をとって神に注意を向けるという単純な生活リズムは、たとえ意識的に祈っていないときでも、神の愛に対する気づきを与えてくれます。

●安息日を守る

私は、子どものときから強い〝達成を求めるアダム〟的傾向を持っていました（勉強以外のことに限ってですが）。十歳のとき、地元で最多発行部数を誇るバンクーバー・サンという新聞の配達を始めました。十三歳で担当地域の責任者になり、新聞配達をする子どもたちを統括していました。二十代の頃は毎朝七時には出勤し、帰宅は夜の十一時を過ぎていました。牧師になってからも、週に七十時間以上はゆうに働いていました。

私には、自分がしていることや成果によって自分自身を評価する傾向があります。しかし、長い年月をかけ、また神の恵みによって「行い」が私のアイデンティティーの中心となるパターンを崩すように学んできました。そのために一番助けとなったことは何かを言うと、あなたは驚かれるかもしれません。それは、安息日を守ることだからです。

第五章で詳しく説明しますが、安息日を守ることを通して私の目はさらに神の愛に開かれました。というのも、私の価値は自分の手で作り出すものによって決まるのではなく、完璧なる天の父から愛されているという事実によることを安息日が教えてくれたからです。あなたに子どもがいるなら、この世で何かをなし得る前の生まれたばかりの赤ちゃんのときから、その子を愛しているでしょう。イエスが洗礼を受けたとき、彼はまだ説教もせず、一人の人も癒やしたこともなく、何一つ大きなことをしていなかったにもかかわらず、天の父はおっしゃいました。「これはわたしの愛する子。わたしはこれを喜ぶ。」(マタイ三・一七)

神は、あなたに同じことをおっしゃいます。あなたが何か偉大なことを成し遂げる前に、わたしの愛する子と呼んでおられます。

安息日に働くのをやめるとき、私たちの価値は自分が達成した目標やこの世における貢献度によるのではなく、神から愛されている子であるというシンプルかつすばらしい真理に従って生きていることになります。黙想や安息日の遵守といった霊的習慣を通してこの神の愛に気づくと、創造主とのつながりを切望する〝魂を求めるアダム〟が満たされるだけでなく、〝達成を求めるアダム〟の力も開花します。私たちの内にある〝達成を求めるアダム〟が愛されている自覚を持って行動すると、失敗を恐れることなくリスクを取ることができるからです。承認欲求からではなく、溢れる感謝と喜びから自分の最善を捧げることができます。愛されていることを知ると〝魂を求めるアダム〟はイキイキとし、〝達成を求めるアダム〟の最善が引き出されます。

謙虚さを養う習慣

自らの行いや成果で価値を決めるタイプの人は、劣等感に陥りやすいようです。自分よりできる人と比べる傾向もあります。

ですから、自分がどれほど愛されているかということを思い起こさせてくれる習慣を持つ必要があります。皮肉なことに、そのような「行いの人」は自分が人より優れていると見る傾向もあります。自分より生産性が落ちる人や学歴が低い人、考え方が保守的な（あるいはリベラルな）人を見下げたりします。それに対処するには謙虚さを養い、自己中心的な考え方から解放してくれる霊的習慣を実践することが大切です。

•感謝を表す

六章では、毎日の生活の中で起こったことに目を留め、感謝する時間を持つことについて話します。毎晩、私は時間を決めてその日一日を振り返り、少なくとも感謝な事柄を三つ挙げます。感謝することとは、例えば気持ちの良い朝に愛犬のゴールデンレトリバーと楽しくジョギングができたこと、ある人と意味ある会話が持てたこと、心地よい我が家や良い睡眠が取れたことなど、とてもシンプルです。それらの賜物が良き神から与えられたものであると認識するとき、神の愛に対する私の意識がより深められます。自分の頑張りだけでは決して経験できなかった現実の世界に対して、私の目が開かれます。ただ神の恵みによって私は今の私になったのであり、私が持っているものもすべて与えられたものです。感謝する心は、謙遜を生みます。

•しもべの心

第八章では、奉仕について見ていきます。人に仕えるとき、私たちは自分の栄光や自己実現のためではなく、神の栄光のため、また他者の益となるために存在していることを思い起こさせてくれます。私たちに一番求められていることは、ほとんど日常生活にある瑣末な仕事です。

私の友人ザックは、将来まちがいなく成功し有名になると神学校時代のクラスメイトたちから目されていました。牧師になって日も浅い三年の間に彼は二冊もの本を上梓し、そのうちの一冊は全米で賞も取りました。ある大会で講演をした帰り道、結婚して十五年になる妻から電話がありました。「もうこれ以上、あなたとの結婚生活は続けられない」と彼女は切り出しました。「もはや自分のことをクリスチャンだと思ってないわ。あなたのことを愛したこともなかった。今私は、別の人を愛しているの。」ザックの心は深く傷つきました。結婚生活が破綻した痛みに加えて、彼の牧会生活も終わったと悟りました。彼が書いた本も、傷を受けました。その後、彼には非がないと教会のリーダーたちが認めても、離婚のスキャンダルやゴシップが付きまとい、彼は牧師の職から離れざるを得ませんでした。

彼の主な仕事が三人の幼い子どもたちの世話になったとき、ザックは自問しました。「もはや牧師でないのなら、自分に何の価値があるのだろうか。二度と説教をすることがなくても、イエスは私のことを愛してくれるだろうか。最も重要な仕事がオムツを替えたり、三人の子どもたちに食事を作ることでも、私の人生は重要だと言えるのだろうか。ただ普通の人として、特別なことなど何一つしなくても、私の人生に意味があるのだろうか。」

ザックがそう祈り求めるたびに、イエスは同じ答えを繰り返しました。

そうです、その通りです、と。

今日、ザックは牧師の職に戻っています。本の執筆も再開し、講演のスピーカーとして引く手あまたとなりました。しかし、彼の心は変えられました。誰も見ていないところでただ自分の子どもたちを愛するという謙遜な仕事を通して、彼はイエスの弟子訓練を受けていました。教会で（家庭でも）一生懸命働きましたが、それはもはや地位や名声を得るためではありませんでした。イエスは、仕える者としての謙遜な心を彼に教えたのです。心が変えられたことで優先順位が入れ替わり、彼は今の自分に平安を感じています。

霊的習慣の一つとして仕えることを選ぶとき――それが家族のための食事の準備であろうと、子どもたちのサッカーのコーチや刑務所訪問、しもべの心を持ちながら給料をもらって働く仕事であろうと――私たちはイエスと同じしもべの道を歩みます。私たちは、自己中心的で虚栄心に満ちた野心を十字架につけます。それは、痛みの伴う「死」を実践する行為です。イエスの足跡に従うことは決して容易ではありませんが、人々に仕えるとき、私たちは時代に逆行する偉大さを追い求めています。イエスは、ご自分の生き方を私たちに教えようとされました。それは「公正を行い、誠実を愛し、へりくだって、あなたの神とともに歩むこと」（ミカ六・八）です。キリストのようなしもべとしての姿勢を持つこと（ピリピ二・五）は、〝魂を求めるアダム〟の人を愛し、仕える思いを満たします。同時に、この世に違いをもたらしたいという〝達成を求めるアダム〟の情熱も解放します。

もし、現実的な〝達成を求めるアダム〟の決断力と、純真な〝魂を求めるアダム〟の謙遜さを持って私たちの最善を捧げるなら、それが子育てであれ、大企業の経営であれ（あるいはその両方でも）、私たちの魂は健全になり、この世はよりすばらしい所となって神が崇められます。霊的習慣は、大海のような神の愛に自らのいのちを向けるものです。そうすることによって、私たちには自信と謙遜さが増し加えられ、神によって創造され、召されている完全な姿が形作られていきます。

持続可能な霊的習慣を選ぶ

黙想の祈りや奉仕は大変そうに聞こえるかもしれませんが（大変なときもあります）、霊的習慣は義務感から嫌々こなすものではありません。やりがいのあるものすべてがそうであるように、霊的訓練は本来あるべき姿に私たちを向かわせるものです。つまり、自分の気質に合った霊的習慣を選ぶことが大切です。それらの習慣が、自分にとっての深い喜びと必要に合うことが理想です。エクササイズと同じように、霊的習慣がいのちを与えるようなものだと長く続けられ、楽しむことができます。

私はジョギングが好きですが、ランニングマシーンの上で走るのは好きではありません。しかし、真冬にボストンのような豪雪地に出張に行く場合は、外を走りません。あまり好きでなくても、ホテルにあるランニングマシーンを使います。それは、特別な場合の一時凌ぎです。しかし、毎日のエクササイズの手段としてマシーンを使わなければいけないとしたら、続けられるかどうかわかりません。ランニングマシーンは、私の性に合いません。私とは逆の人もいます。ランニングマシーンが大好きな人もいます。それぞれの気質の違いから、自分の性に合うエクササイズがあるでしょう。同じように霊的習慣にも相性があり、自分に合う習慣を実践すればより効果的だと言われています。

さまざまな気質（マイヤーズ・ブリッグスの性格診断が定義するようなもの）が好む霊的習慣を調べ、それぞれのグループに有名な聖人の名前をつけて分類した調査結果があります。それによると、北米の約四十％の人々は「イグナチオ」タイプの霊性を持つことがわかりました。つまり、この人たちが神にアプローチする仕方は、十六世紀に活躍した聖イグナチオ・ロヨラに似ています。イグナチオ・タイプはとても実際的で責任感が強く、具体的な形で人々に仕えること、例えば病人に食事を届けたり、ハビタット・フォー・ヒューマニティ（訳注＝世界七十か国以上の国で貧しい人々のための住宅支援を行う国際ＮＧＯ）に参加して家を建てることを好みます。実際に体を使って働くことで、このタイプの人々は人の役に立っていると実感します。彼らは組織的なことや枠組みを好みます。また、秩序正しく、一貫性のあるアプローチで神を求める傾向があります。

約三十八％の人は、「フランシスコ」タイプの霊性を持っています。十三世紀に神と自然を愛したアッシジの聖人フランシスコのように、このタイプの人たちは自然の中を散歩したり、芸術や音楽、感動的な小説にふれたり、コーヒーを飲みながら友人と会話を楽しむときに最も神と深く交わることができます。決められた枠組みの中で行うより、もっと自由なアプローチで神を求める傾向があります。

約十二％の人は、「アウグスティヌス」タイプの霊性を持っています。彼らは、四～五世紀の優れた思想家でリーダーであったアウグスティヌスに似ています。アウグスティヌス・タイプは哲学的で、神や人生の意味を観想することを好みます。このタイプの割合は十％をわずかに上回るだけですが、霊的なリトリートの参加者の五十%以上はこのグループが占めます。

わずか十%の人が「トマス」タイプにあたります。このタイプの霊性は、十三世紀の神学の大家トマス・アクィナスに似ています。彼らは、頭を使って神に近づくことを好みます。聖書の学びや神学、キリスト教関連の読書を心から楽しみます。他のタイプに比べて、牧師は極端なほど高い確率でトマス・タイプに属します。信徒の霊的成長を促すために、牧師が聖書勉強や神学的学びを強調するのもうなずけます。

私も牧師で聖書勉強が重要であることはよくわかっていますが、人々が神につながるにはさまざまな方法があると考えています。人生のある時期においては、聖書や神学を学ぶことだけが神を知る最善な方法ではない場合もあり、そのことで信徒に不必要な罪意識を与えるのは良くないと思っています。自分に合ういのちを与えてくれる霊的習慣を見つけることが、私たちすべての者にとって大切です。自分が霊的旅路のどのような所にいるのかも考慮に入れ、神や人を愛する上で最も成長させてくれる効果的な霊的習慣を取り入れたいものです。

もしあなたがエクササイズや霊的習慣を試したことがないのなら、始めるにあたり一つの注意事項があります。ある霊的習慣が実を結ぶには、ある程度の試験期間と忍耐が必要です。私の元ルームメイトのマイクはジョギングの経験がありませんでしたが、ある朝私は彼を説得して一緒にジョギングに出かけました。ジョギングした後は、絶対気分が爽快になって元気になると保証して……。ジョギングの後、「気分はどう?」と聞いてみました。彼は、お腹を抱えて倒れ込みながら「吐き気がする」と言いました。その日は一日中力がみなぎると彼に保証していましたから、その夜彼が帰宅すると、どのような一日だったか聞いてみました。「あまりにも疲れていたから、何にも集中することができなかった」と彼は言いました。エクササイズ初日から集中力やエネルギーが増すと私は約束していましたが、実際にエクササイズの効果が得られるまでにはおよそ三十から四十日はかかることを後から知りました。

霊的習慣も初めのうちはむずかしく感じられるかもしれませんが、次第にいのちを与えるものになると心に留めておいてください。例えば、黙想の祈りを始めたばかりのときは、気が散ってしまい気落ちするかもしれません。頭の中にさまざまな考えが浮かんで、むずかしいと感じるでしょう。集中して落ち着くまでには、時間と練習が必要です。私たちが初めて什一献金(この世における神の仕事のために、収入の少なくとも十%を捧げること)を学んだとき、あるいは安息日を守るようになったときも、初めはむずかしいと感じたでしょう。しかし、時が経つにつれて、これらの習慣は大いなる自由と喜びをもたらしてくれます。何か新しいことに挑戦するときはいつもそうですが、ある霊的習慣が継続可能か、自分にとって益になるのかを見極めるには試行錯誤と忍耐力が必要です。

生き方を形作る習慣

「ToDo」リストを増やしたり、歪んだ〝達成を求めるアダム〟の成功願望を満たすために私たちは霊的習慣を行うのではありません。それは霊的高慢を招き、魂にとってよくありません。むしろ、神の助けによって私たちの生き方を形作る霊的習慣を身につけようとしているのです。

私にとって、すべてのことがうまくいかないように感じるときがあります。痛烈な批判を受けたり、人との会話もスムーズに運ばない、献金額も予算をかなり下回っている――そのようなときは、誰か別の人に主任牧師を替わってもらった方が教会はうまくいくんじゃないかと悩みます。私の自尊心は地に落ちてしまいます。反対に、多くの賛辞をもらい、礼拝の出席者数も増加しているときは、うぬぼれてしまいます。私は「できる男」だ――私のような人がいて、この教会やこの街は幸せだ！

自信喪失や自信過剰に陥ることは、どちらも不健全です。気持ちが落ち込みそうになる日には、たとえどんなことが起こっても、霊的習慣が神に愛されている子どもであることを思い起こさせてくれ、前に進む勇気と自信を私に与えてくれます。意気揚々と勝ち誇ったような気持ちになる日には、霊的習慣が私の感謝の計測器をリセットしてくれて、良き神に対する畏敬の念と謙遜な心を持って生きることを教えてくれます。霊的習慣を持つことで、自分の最善を保つことができ、健全な状態で生きることができます。

続く章では、魂がいのちを保ち続けるための習慣をさらに掘り下げて見ていきます。それらの習慣によって、あなたは神の愛に目覚め、自信と謙虚さを持って生きていくことができるでしょう。

†内省とディスカッションのために

一　どのような習慣が、あなたにとって神から愛されていることを思い起こさせてくれるでしょう。

二　霊的習慣は、どのように謙遜さを養うでしょう。

三　あなたは、どのような弱さを持っていますか。あなたが燃え尽きてしまわないための霊的習慣はありますか。

四　あなたの気質と照らし合わせて、特にいのちを与えるような霊的習慣を一つか二つ、挙げることができますか。

五　もし、ある霊的習慣がうまくいっていないと感じるとき、建設的で愛ある対応をするにはどうすればいいでしょう。

《祈り》主よ、私が行う霊的習慣を通して、聖霊の働きに心を開くことができるように助けてください。それにより、あなたが造っておられる作品に私がなることができますように。

（エペソ二・一〇参照）

PART 2

魂がいのちを保ち続けるための習慣

第四章　黙想の祈り——天上の音楽を聴くために

私たちすべての者は、静まって観想する時間を持たなければなりません。特に、大都市に住む人には必要です。……あらゆることが、あまりにも早いスピードで進むからです。……私はいつも、沈黙から祈りを始めます。沈黙した心に神が語られるからです。

マザー・テレサ

牧師として教会で働き始めた頃、多忙を極めてストレスを感じた日にはテレビを見ながら遅い夕食を取っていました。そうすることでリラックスできると思っていました。しかし、娯楽番組にチャンネルを合わせて二時間ほどテレビの前に座っていると、かえって不安や緊張が高まるように感じました。今ではこの習慣を変えました。仕事が大変だった日の後は息子と近所をサイクリングするか、愛犬と一緒に走るのが一番だと学びました。体を動かすことには、座ってテレビを見るだけでは得られないストレス発散作用があるようです。

心理学者のアン・ウィルソン・シェイフ博士によると、九十八％の人は生きるための一つの手段として何かに依存していると言います。私に言わせれば、その残りの二％の人にお目にかかったことがありません！　著名な精神科医でありスピリチュアル・ディレクターでもあるジェラルド・メイは、著書『依存症と恵み』の中で私たちは百％何かに依存していると言います。そうです、百％です。しかし、私たちのほとんどは自分が「依存症」であることに気がついていません。

興味深いことに、「依存（addiction）」という言葉は古いフランス語 attache に由来し、大使や政府高官などに従う部下を意味するとメイは指摘します。そのイメージは、とてもわかりやすいと思います。私たちが何かに依存しているとき、自分がまるでそれに従属しているかのようになります。人はさまざまな理由から、多くの場合は痛みを無感覚にするため、また倦怠感や人生の無意味さを軽減するために何かに依存します。ある人はテレビやお酒、あるいは食べ物に慰めを求めます。人との関係や性的関係、ソーシャルメディア、ショッピング、あるいは肉体的限界に挑戦することなどに慰めを求める人もいます。この本を読んでいるあなたは、自分の仕事や何かを達成することに慰めを求めているかもしれません。人はよく、自分の劣等感を拭い去るために人並み以上に頑張ったりするものです。

時にそれ自体は必ずしも悪くないこと、例えばエクササイズや仕事などに依存したり、従属することがあります。しかし、私たちがある事に対してノーと言えなくなっているとしたら、それは依存状態にあると言えます。私たちが従属しているものは、何らかの形で私たちをコントロールしています。安息日を守るため、二十四時間仕事から離れることができなければ、私たちは仕事に依存しています。仕事に従属している状態で、自らの自由を失っています。依存症は神との関係を混乱させ、本来私たちのいのちの中心であるべき神に取って代わっています。聖書では、この状態を別の言葉で呼んでいます。偶像です。

アルコホーリクス・アノニマス（Alcoholics Anonymous）の十二ステップ・プログラムに参加した人々が口を揃えて言うには、依存症を克服するために最も助けになったのはステップ十一だそうです。そこでは祈りと黙想の習慣を持つことが教えられ、神と意識的なつながりを改善することを目的としています。

祈りは通常、神に語ることと理解され、黙想では静かに神の御臨在を味わいます。黙想や沈黙の祈りにおける私たちの姿勢は、自分を表現するのではなくただ受けること、語るのではなく注意深く聞くことが求められます。

静と動

詩篇四六篇で「静まって、わたしこそ神であることを知れ」（一〇節、口語訳）と神はおっしゃいます。ヨブは「私に教えよ。そうすれば、私は黙ろう」（ヨブ六・二四）と祈りました。出エジプト記では、神がイスラエルの人々のために戦われることを信じるように求めています。「主があなたがたのために戦われるのだ。あなたがたは、ただ黙っていなさい。」（一四・一四）

忙しいミニストリーの最中、イエスは「寂しいところ」で天の父の声を聴くため、ひとりになって静まる時間を求めました（ルカ四・四二）。

私たちは虚栄心や怒り、情欲、富の欲、妬みなどの「内なる敵」と戦うように求められるときもありますが、主の前に静まり、私たちの内側で神が行ってくださる変容の御業をただ見守るように求められことも多いようです。詩篇二三篇で（文字通りにも、比喩的にも）神は魂を生き返らせるために私たちを緑の牧場に伏させ、いこいのみぎわで休ませてくださいます。偉大な羊飼いであるイエスの存在が不安や痛みから解放してくださるとき、私たちの心は神にあって安息するので、慰めを求めて何かに依存する可能性は低くなります。

しかし、神の御前で静止している状態とは、必ずしも文字通り何もしないことではありません。それが動きを意味する場合もあります。

五世紀の偉大な霊性の父であるヨハネス・カッシアヌスは、祈りや黙想をしながら籠を編むように修道士たちに教えました。単純な肉体的な動作をすることによって集中力が増すことを知っていたからです。気質や性格によっては、ただじっと座って一つのことに集中しようとすると、かえってさまざまなことが頭に浮かんでしまう人もいます。信号も他の車もほとんどない直線道路を運転することや、散歩や編み物、パン作りなど、ある集中した動きが頭から雑念を払うのに役立つ場合もあります。

観想について書かれた名著『沈黙の土地へ』の中で、マーティン・レイヤードは子どもの頃から深い傷を抱えた女性について描いています。彼女がまだ幼い頃、寝室の鏡の前で座っていると、母親が廊下を通りかかりました。開いていたドアから娘を見ると、母親は彼女に向かってこう叫びました。「自分のことをかわいいなんて思わないでね。」実際この少女はかわいい女の子でしたが、自分は醜いと思うようになりました。ティーンエイジャーになってクラシックバレーを学ぶため権威ある奨学金を勝ち取ると、母親は再び批判します。「どうしてお前なんかに、そんな賞をくれたんだろうね。お前が不器用なダンサーなのは、だれの目にも明らかなのに。」後に彼女は著名なダンサーになり、世界中で喝采を受けるようになりましたが、心の中では自分は醜く、不器用でまぬけな者だと思い続けていました。

大人になってイギリスで生活し始めると、彼女はヨークシャー地方の湿地帯を散歩していると心が平安になることを発見しました。長く散歩を続けるほど、彼女の気持ちは落ち着きます。一面に広がる香りの良いヒースの花は、内側にある怒りや恐れ、痛みを沈めてくれる香油のようでした。あるとき何枚ものスカーフがはらりと落ちるように、不安が取り去られ、彼女を守る聖なる御臨在に包まれている感覚をはっきりと認識することができました。それは一度きりの体験でしたが、彼女の人生で不思議なターニングポイントとなり、それ以来そのような散歩という形で祈るようになりました。それは、彼女にとって神の愛と受容に気がついた癒しのときでした。

ここバンクーバーに、うつ病に苦しむ一人の友人がいます。毎朝、彼は近所をゆっくりと散歩します。ゆっくり歩くことで神の御臨在に気づきが与えられ、うつ状態に陥ることから食い止めてくれると言います。あのバレリーナも私の友人も、聖アウグスティヌスが solvitur ambulando（散歩による解決）と呼ぶものを経験しました。

主の御前に静まる状態とは、ある人にとっては散歩することであり、別の人にとっては主の御前で座ることを意味しています。座るという姿勢は、静まりを求めるパワフルな象徴です。強い〝達成を求めるアダム〟を持つ私のような人は、常に自らの手で自分の世界を回し続け、動き続けていなければすべてが崩れ去ってしまうように感じているかもしれません。そのような人にとって主の御前で座ることは、この世は私たちによってではなく、神の御手によって動いていることを具体的に思い起こさせてくれます。私たちが座るとき、信仰をもって神が事を行ってくださると待ち望んでいる姿勢を表します。静かに座ることはまた、恥ずかしがり屋の〝魂を求めるアダム〟を隠れた世界から外に出し、人生に影響力を持つよう招くことにもつながります。

注意を向ける

祈りの中で、神の御臨在を求める必要はありません。神は、常に私たちと共におられるからです。黙想の祈りは、すでに共におられる神に対する気づきを私たちに与えます。フランスの神秘主義者シモーヌ・ヴェイユは、祈りとは注意を向けることだと言いました。沈黙の祈りは、私たちの生き方に大きな変化をもたらします。沈黙の祈りをすると、たとえ意識的に祈っていないときでも、創造主に注意を向けられるようになるからです。

毎日朝食の前に、私は神の御臨在の中で黙想する時間を持っています。まず、鼻から深い呼吸を繰り返します。それから、光であるキリストの御臨在を象徴するろうそくに火を灯します。数分が経過すると「何分くらい経ったかな」と気になってしまいます。ですから、集中するためにタイマー付きの「センタリングの祈り」（訳注＝センタリングの祈りとは、神の御臨在だけに集中する観想的な祈りをさします）というアプリを私はスマートフォンに入れています。たいてい二十分にセットしていますが、十分か十五分にするときもあります。このアプリでは修道院の鐘の音が鳴り、私の心を神に喚起してくれます。私はとても気が散りやすい性格で、数回深呼吸をして開始した途端にその日にしなければいけないことなどが頭に浮かんでしまいます。自分の思いを静めるために、聖書の短いフレーズを使って集中するようにします。たとえば、詩篇四六篇（口語訳）からの言葉を使います。

息を吸いながら「静まって」、息を吐きながら「わたしこそ神であることを知れ。」息を吸いながら「静まって」、息を吐きながら「わたしこそ神であることを知れ。」

聖書から一つの言葉だけを用いるときもあります。例えば、イザヤ書四〇章からの言葉を用いて、息を吸いながら「待て」息を吐きながら「待て」。

マタイの福音書六章七節で、イエスはむなしく同じことばを繰り返すことをいさめましたが、神の御前で静まることは「むなしいこと」ではありません。例えば「愛」というような言葉を使うことによって天の父の愛を思い起こしたり、「イエス」あるいはただ「神」という言葉に集中することは決してむなしい行いではありません。

私は海が大好きで、黙想をよくセーリングにたとえます。セーリング中に、海面に漂流しているゴミを目にすることがあります。プラスチック製品やコーラの缶、流木などです。あるときは海面から

センタリングの祈りのための 4 つのガイドライン

1. 私たちの魂の内におられる神とその働きに対する同意のしるしとして用いる「聖なる言葉」を選んでください。
2. 背筋を伸ばし、目を閉じて、心地よい姿勢で座ります。神の御臨在とその働きに対する同意として、心の中で聖なる言葉を用いながら黙想を始めます。
3. 頭に何かが浮かんでも（注）、聖なる言葉を用いて黙想を続けます。
4. 祈りの時間が終わっても 1、2 分ほど目を閉じたまま、沈黙の状態を保ちます。

（注）その他にも、体に何かを感じたり、さまざまな感情、イメージ、過去の出来事が浮かぶこともあります。

鮭が飛び跳ねたり、アザラシやイルカの群れ、まれにクジラの姿を目にすることもあります。
神の御臨在の中で静かにリラックスして座っていると、人生の大海原の表面（表層）にゴミが浮かび上がってくることがあります。不安、恐れ、失望、恨み、妬み、痛み、恥、そして怒り――。私たちがそれらのゴミを神にゆだねるとき、清めや浄化を経験します。そのゴミは戻って来るかもしれませんが、そのたびに神に捧げることにより、私たちは新たな自由を経験します。

しかし、あるときは私たちやこの世のすべてを支えておられる聖にして愛なる御臨在に包まれるような経験をするかもしれません。ほとんどの人は、黙想の最中に特に劇的な体験をしません。たいての場合、黙想は平凡なものです。それでもなお静まるときを持ち、自分ではなく神を神として覚えることから一日を始めることが大切だと私は思います。

生活のリズム

スティーブは、私たちの教会に属するひとり親です。彼は出張も多く忙しい仕事をこなしながら、二人の幼い子どもを育てています。スティーブは最近、短時間のストレッチ体操と十分ほどの黙想のときを持つようにしていると私に話してくれました。そのことで毎日の生活に違いを感じるかと尋ねたところ、「確かに違いを感じる。黙想をした日は、神がもっと姿を現してくれる」と彼は言いました。

神がより姿を現されるというのは、明らかなまちがいです。神は、常にスティーブと共におられるからです。しかし、朝黙想をすると、神が共にいることにスティーブ自身がより気づくようになるのです。もちろん、いつでも必要なときに祈ることができますが、定期的に神のために時間を取ると、私たちの心の目が整えられて一日中神の存在に気づくようになります。霊的習慣が考案された理由の一つは、神は不在だという大きな勘違いを減らすためだと、クリスチャンの黙想に関して多くの著書を残したトーマス・キーティングは言います。

黙想は自分自身や仕事、人との関わり方にも変化を与えます。気が散りやすいことに悩むエンジニアのアンドリューが黙想を始めた当初、黙想の目的は頭の中を空っぽにすることだと思っていました。自分の呼吸に集中しようとしても、他のことが頭に上ります。自分は黙想に向いていないし、時間の無駄だと感じて諦めかけたときのことです。自らの経験を思い出すと、黙想をしている十分から二十分の間は確かに他のことに気が取られましたが、黙想をしなかった日に比べるとその日はより集中力があったように思えました。黙想をした日には、脂っこいものや塩気の多いものを食べたいと思っていても（彼は食事に気をつけていました）、より健

　黙想には、実用的な面もあります。スタンフォード大学で心理学を教えるケリー・マクゴニガル教授は、１日わずか 10 分から 15 分間３週間にわたって黙想すれば、注意力と自制心が増すようになると指摘しています。１日わずか 10 分か 15 分の黙想を２か月から３か月続けると脳の中で集中力と自制心を司る神経回路網が発達し、不安やうつを感じる部分は実際に小さくなることがMRＩ検査によって明らかになっています。

康的な食べ物を注文していることにも気がつきました。皮肉っぽいコメントを言いたくなったときも、それを思い留めていました。さらに黙想をした日には、仕事中に気が散漫になったときも集中力を取り戻し、より素早く軌道修正することができました。アンドリューにとって黙想は、つながりを切望する〝魂を求めるアダム〟を満足させるだけでなく、仕事にもっと集中したいという〝達成を求めるアダム〟をも満たしていました。

　幼い子ども二人を持つ母親であり、ソーシャルワーカーの友人キャロルは、三か月ほど毎日黙想を続けていましたが、忙しいスケジュールのために毎日決まった時間に行うことができませんでした。しかし、キャロルは一日のあらゆる時間帯でも黙想できることを発見しました。彼女はこう証しします。

私は二つのパートと二人の幼い子どもを持つ母親で、忙しい毎日を送っています。もともと私は決められた時間に決められたことをしたいタイプで、もし夜の十時半までに黙想の時間を持つことができなければ、「もう遅いからムリ」と感じていました。午前中は子どもの世話や家事に追われるので、私にはできません。私にとって発見だったのは、自分が囚われていたスケジュールの枠を外すと、日中でも黙想する時間を持つことができるということです。患者さんやクライアントと会う時間の合間の五分とか十分、オフィスのドアを閉めて自分のためだけの時間を持ちます。子どものお稽古事を待っている間も、車の中で黙想します。これまでは一日のうちで一番ぼんやり過ごしていたそれらの時間が、集中力と元気を与えてくれるようになりました。これは私の性分だから、これからも忙しい毎日を送るでしょうけれど、忙しさのせいで心の余裕まで失いたくありません。

たとえ一日五分か十分でも黙想する時間を持てば、生活に落ち着きと秩序をもたらすことができると、キャロルも他の多くの人々も口を揃えて言います。

黙想の目的は、あるひとときだけ神との至福に浸ることではありません。どちらかと言えば、天の父なる神と共に休息のときを持つこと、また私たちの生活のあらゆる面で聖霊が働かれることに対し同意を与えることが目的です。神を待ち望むとき、他のことが気になったり、退屈してしまうことがあるかもしれませんが、徐々に神が共におられることに気がつくようになります。特に意識的に祈っていないときでも、神の御臨在を感じるようになります。

「黙想の達人」になることが私たちの目標ではなく、心や魂、体を静かなる聖霊の働きに明け渡すことで、私たちの内面や周りにおける神の働きに注意が向けられるようになります。一日だけ運動しても健康にならないのと同じで、一日だけ黙想しても長期的な違いをもたらすことはありません。しかし、黙想を生活のリズムに組み込むと、私たちの生き方が変わります。

黙想に十分とか二十分もかけるのは、時間がもったいないと思う人がいるかもしれませんが、それなしでは注意力散漫で、枯渇した状態で人に仕えることになります。集中力と元気を与え、さらに神にも人にも仕える力を与えるこの霊的習慣を持つことは、世の中に私たちが与えることができる自分という唯一の賜物をきちんと自己管理することにほかなりません。

神聖なる考古学者の前で

あなたが考古学を学ぶ学生で、これから中東のある場所に発掘調査に行くと想像してみてください。発掘していると、テルという古墳に出くわします。

古代において都市国家は一つの敵を滅ぼすと軍は敵の都市を焼き尽くし、その古い都市の上に新しい都市を築きました。同様に、その都市国家も滅ぼされると、征服者はその上に新しい都市を築く……ということが続けられます。今日、その場所を発掘すると、一つの文明の上に別の文明が築き上げられた跡を発見します。考古学者が発掘するにあたって最初にする作業が、一番上の上層部分をきれいにし、岩や雑草を取り除くことです。それから、かつてそこで繁栄した文明の発掘を行います。発見した器や道具などを博物館に送った後、発掘チームは次の都市国家を掘り起こし、さまざまなものを発見し、再び博物館に輸送します。石器時代に至るまでのさまざまな文明を一層ごとに掘り下げる作業は、多くの年月を

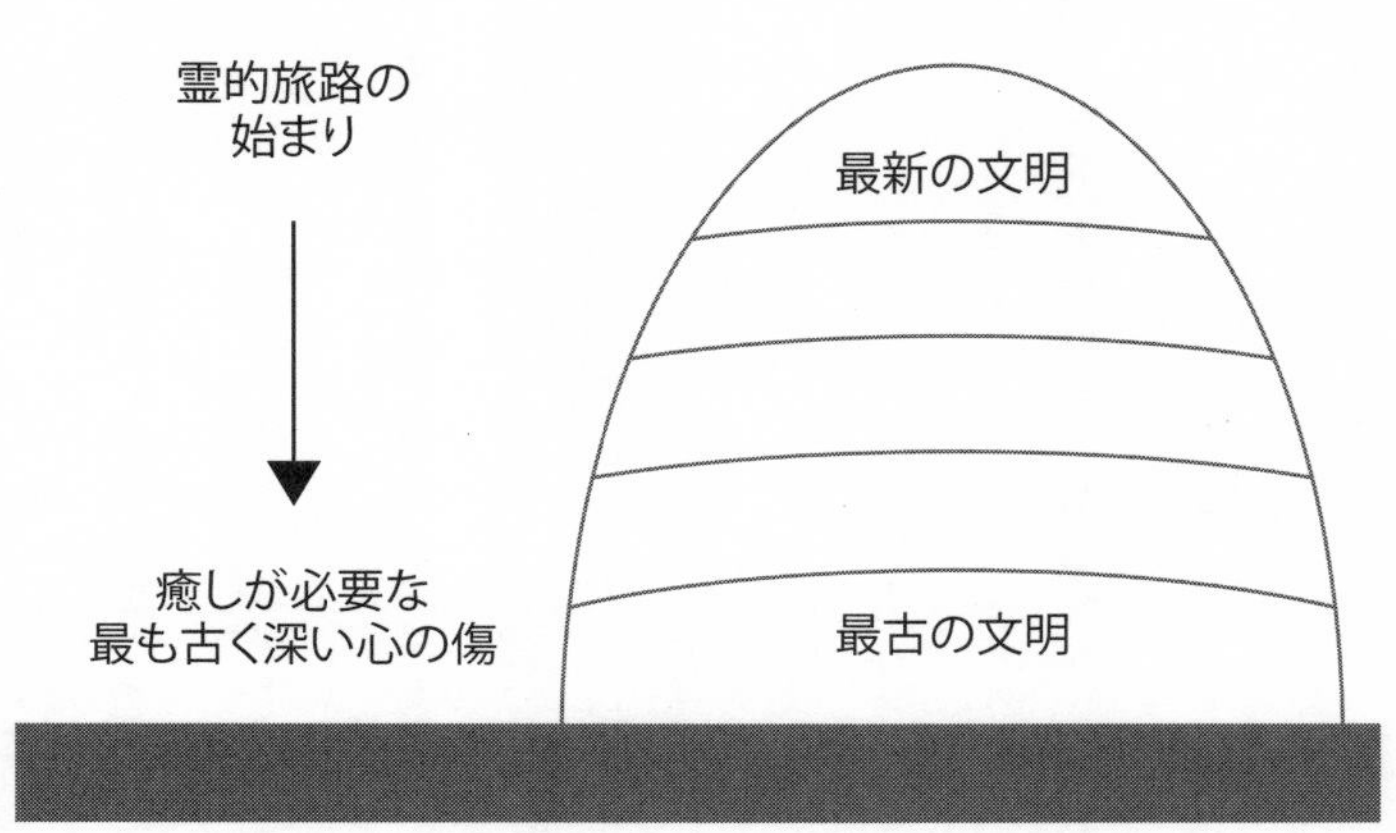

要します。

トーマス・キーティング神父は、『神との一体感――センタリングの祈り入門』の中で聖霊を「神の考古学者」と表現しています。聖霊は、現在私たちが何歳であろうと今置かれた地点から修復作業を始め、最も破壊的な依存症状や人間関係を明らかにしながら癒やしていきます。さらに聖霊は必ずしも年代順ではなく、私たちの人生を深く掘り下げながら、感情的な問題の根元となる最も古い所を突き止めます。そこには初めて経験した拒絶や心の傷、不安、恐れなどがあります。この発掘のプロセスには痛みが伴うかもしれませんが、心の傷を神にゆだねるとき、私たちは清めや癒やしを経験し、より健全な自己に回復していくでしょう。神との関係や人間関係も障害物が取り除かれることにより、よりスムーズになります。

マイアは私たちの教会に通う若い女性で、最近海で洗礼を受けたばかりです。北太平洋の冷たい海水に浸る前、問題の多い家庭――言葉や精神的な虐待とともに身体的虐待も受けていました――で育った生い立ちを彼女は分かち合ってくれました。彼女の両親は、別居と同居を繰り返していました。家族は十六回も引越し、マイアは十六回もの転校を余儀なくされました。

マイアは心の痛みを麻痺させようとして、散財しました。あるときはスターバックスだけで五十ドル（四千円近く）も使いました。星占いや数霊術、仏教なども試みましたが、どれも彼女が求める平安をもたらしてくれませんでした。ある日、ずいぶん前に学校からもらっていたものの寝室で埃をかぶっていた聖書を開いてみました。読み始めると、天からの囁きを感じました。

「恐れるな、イエスを見上げよ。どんなことがあっても、彼はあなたを支えてくれる。」

圧倒的な平安と愛を感じながら、自分の罪がイエスとの隔たりを作っていることを認めて悔い改め、イエスに人生を明け渡しました。自分が歩んできた旅路を振り返りながら、彼女はこう言いました。「自分はバカで価値がないという思いや恐れ、罪悪感、恥、混乱、落胆、喪失感など、これまでの人生で築き上げられてきた砦がイエスの愛に出会ったことによって崩れ去り、私はイエスのユニークな被造物に造り変えられました。」現在マイアは神の御臨在を感じながら静まるとき、神が彼女を肯定し、子どものときに経験した傷を癒やしてくださっていると感じます。

かつてアウグスティヌスはこう祈りました。「昔も今も美なるお方、あなたは私の内におられたのに、私は外に目を向けて生きていました。」私たちは外からのプレッシャーを経験すると、〝達成を求めるアダム〟を用いていとも簡単に自分という枠の外で生きようとし、結果的に〝魂を求めるアダム〟を無視してしまいます。しかし、静かに神の御臨在に目を向けるとき、聖霊は昔も今も美なるお方に目覚めさせてくれます。永遠に美なるお方が、私たちすべての者の内におられるのです。神の御臨在の美しさに気づけば気づくほど、私たちはより健全な状態、シャローム（平安）を経験するようになります。

天上の音楽

数年前シカゴ近郊にあるホイートン大学の教授が、こんな話をしてくれました。彼と彼の妻は、近所の高級精肉店で売っているグラスフェッドで成長ホルモン剤不使用のステーキを買ってみたいと思いながらも、高額なために買うのをためらっていたそうです。しかし、妻が妊娠したとき、無性においしいお肉が食べたくなったので、彼は大枚を払ってそのステーキを買いました。夕食にそのステーキを食べながら、二人は声を合わせて言いました。「これを食べたら、他のステーキは食べられない。」

ストレスを感じるとき、がむしゃらに仕事をしたり、テレビやお酒、他の依存症的な習慣に走って自分の痛みを麻痺させる代わりに、私たちに必要なことはただ「主がいつくしみ深い方であることを味わい、見つめる」（詩篇三四・八参照）ことであり、そうすれば私たちの魂は「脂肪で元気づく」（イザヤ五五・二）のです。

ギリシャ神話でセイレーンとは、切り立った岩の島々に住む美しくも危険な半人半鳥の生き物です。古代の絵画では、その生き物は人魚として描かれています。つまり腰より下が魚で、腰より上が際立って美しい女性です。セイレーンは美しい歌を魅惑的に歌い、近くを航行する船乗りたちを誘惑して海に身を投じさせます。船は島の周りの切り立った岩場で破壊され、船乗りたちは巨大なクラゲに食べられてしまいます。ギリシャ神話のヒーローであるオデュッセウスがセイレーン諸島を航海する準備をしていたとき、彼はセイレーンの歌を聴きたいと思いました。彼は乗組員に自分を船のマストに縛り付けさせ、乗組員には耳栓で耳をふさぐよう命じました。セイレーンが歌いだすと、オデュッセウスは欲望に駆られて気が狂ったようになりましたが、彼はしっかりとマストに縛り付けられ、乗組員の耳も塞がれていたので、彼らは安全にそこを通り過ぎることができました。

別のギリシャ神話では、イアソンとアルゴ探検隊がセイレーン諸島を通過する航海に出たとき、彼らは極めて優れた音楽家であるオルフェウスを連れて行きました。伝説によると、オルフェウスが竪琴を演奏すると、その卓越した演奏によって岩々はダンスしたと言われています。イアソンとアルゴ探検隊が危険な島に近づいたとき、オルフェウスは竪琴で天上の音楽を奏で始め、セイレーンも歌い出しました。しかし、オルフェウスの音楽がセイレーンの歌よりもさらに美しかったので、イアソンと乗組員たちは無傷のままそこを通過することができました。

神の御臨在に静まるとき、幾重にも折り重なった怒りや不安、恐れや痛みなど、それまで私たちの耳を塞いでいたものが取り除かれ、魅惑的で美しい神の愛の歌が耳に届けられるようになります。その愛の歌は、この世のすべてをも支えています。この美しい音楽が私たちの耳に鳴り響いている限り、一時的な快楽をもたらす依存症に向かって一目散に泳ぎだす危険性は避けられるでしょう。私たちの内にある〝達成を求めるアダム〟が誘惑され、何にも優って価値あることを犠牲にしてまで成功を求める可能性も低くなるでしょう。怪物のような飽くなき欲望や、人生で避けて通れない切り立った岩場のような障害や問題に遭遇しても、私たちは安全にそこを通り抜けることができます。生ける神の御前で静まるとき、私たちの魂は健全になり、心が解放されるからです。

✝内省とディスカッションのために

一　静まって神と共に時間を過ごすことについて、どのような点に惹かれますか。あるいは、黙想に対してどのような抵抗感がありますか。

二　あなたの気質を考慮すると、沈黙の祈りをするとき、どのような姿勢を取ることが適しているでしょうか。

三　食器を洗う、掃除機をかける、散歩やジョギングをするといった、あなたが定期的に行う単純作業の中で、神の御臨在に気づきを与えるものはありますか。

四　沈黙の祈りは、どのようにあなたと神の関係を助けてくれるでしょうか。

五　黙想の祈りは、どのようにあなたの人間関係に影響を与えると思いますか。

《祈り》主よ、私の心を探り、私の内であなたが癒やそうと思われる所を掘り下げてください。私とこの世のすべてを支えておられる、あなたの変わることのない愛に気づくように助けてください。

（詩篇一三九・二三〜二四参照）

第五章　安息日——時流に抵抗する生活リズム

不安に満ちた今日の競争社会において、安息日を祝うことは抵抗を表す行為であるとともに、それに伴う別の選択肢を選ぶ行為でもある。この場合の抵抗とは、自分の人生が生産性やモノによって定義されないことを目に見える形で主張することである。

ウォルター・ブラッジメン

私が東京のソニーで働き始めて間もない頃、同僚の一人が三日三晩寝ないで働き続けたと話していました。北米で育った者としては信じられないという思いから、どうしたらそのようなことができるのかと聞いてみました。

「栄養ドリンクを飲んだんだよ」と彼は答えました。

大量のカフェインとサプリメントが詰め込まれた日本の栄養ドリンクは、あまりにも効力が強すぎるため北米では発売が禁止されています。三日三晩寝ずに働かなければいけないと同僚が話すたびに、私は彼らのことをかわいそうに思いました。と同時に、生産性や会社に対する異常なまでの自己犠牲が高く評価される東京で暮らしていたので、感心もしていました。

どのようにしたら、会社は従業員からそのような忠誠心や献身を得ることができるのでしょうか。その昔、人々はイノシシを槍でついて肉を持ち帰る能力や外部から攻めて来る敵から一族を守る力に応じて地位を得たり、広大な土地や階級を相続していました。今日では仕事上のキャリアを向上させたり、スポーツやエンターテイメントの世界で秀でたり、莫大な富や資産を蓄えることによって人々は社会的地位を得ます。

意識していようがいまいが、現在多くの人々は単に金銭的な安心を得るためだけでなく、人生の目的ややりがいを求めて出世することを求めているのではないでしょうか。

抵抗の手段としての安息日――神を第一にする

聖書によると、自己存在の意味や評価を神以外のものに求めるなら、それは偶像です。古代、偶像は文字通り像でした。金や銀、胴、あるいは石や木で作られ、人々はその前でひれ伏しました。現代社会では、私たちの偶像は具体的な形を取っていないかもしれませんが、さらに大きな影響力を持っています。今日、最も一般的に礼拝されている偶像が仕事です。「仕事の神」は厳しい現場監督のごとく私たちが仕事の手を止めたり、緩めたりすることを決して許さず、ごくわずかな報酬でこき使います。

しかし、神はその昔から別の選択肢を用意してくださり、「仕事の神」から解放してくださいました。出エジプト記二〇章は、そのことを教えています。

安息日を覚えて、これを聖なるものとせよ。六日間働いて、あなたのすべての仕事をせよ。七日目は、あなたの神、主の安息である。あなたはいかなる仕事もしてはならない。あなたも、あなたの息子や娘も、それにあなたの男奴隷や女奴隷、家畜、またあなたの町囲みの中にいる寄留者も。それは主が六日間で、天と地と海、またそれらの中のすべてのものを造り、七日目に休んだからである。それゆえ、主は安息日を祝福し、これを聖なるものとした。（八～一一節）

十戒の四番目の戒めである安息日の命令は、神を第一とせよ、偶像を拝んではいけない、神の御名をみだりに口にしてはならない、の後に続くものです。また、「聖なるもの」という言葉が唯一明確に使われている戒めでもあります。仕事や生産性を偶像としてしまいがちな私たちにとって最も効果的な対処法は、聖なる休息の日として安息日を守ることです。

それは簡単そうに聞こえるかもしれませんが、あなたが最後に二十四時間仕事や仕事関連のことから離れたのはいつですか。パソコンやメール、スマートフォンを丸一日使わなかった最後の日は、いつですか。忙しいとつい、働かずにはいられないという気持ちになったり、仕事に遅れが出ることを恐れます。私が会うほとんどすべての人が「すごく忙しい」とか、「忙しすぎて気がおかしくなりそう」と言います。確かに、人生にはどうしようもないほど忙しい時期があります。小さい子どもを持つ親や研修医にとって、バランスの取れた生活を送ることはむずかしいでしょう。しかし、ほとんどの人は必要以上に忙しくしています。それは、「成功の証」として忙しくしていたいからです。もし、できる人間だということを行いによって認めてもらおうとするなら、本当に必要なことだけでなく、できるだけ多くのことをしようとします。多くの人から好かれたいという動機から、オンラインでもオフラインでも多くのつながりを持たなければという気持ちにもなります。

どんなに激しい競争社会においても、神を信頼して安息日を守りつつ経済的にも成功することは可能です。アメリカのレストランチェーン店チック・フィル・Aのオーナーはクリスチャンで、彼のレストランは全店日曜日を定休日としています。ほとんどのレストランが利益を日曜日の売上に頼る中、チック・フィル・Aはそれでもかなりの利益を上げています。

マンハッタンにあるB&Hフォトは、チェーン店を持たない写真とビデオ機器専門店として全米では第一位、世界では第二位の規模を誇ります。ここのオーナー、スタッフは共にハシド派（超正統派）ユダヤ人です。連日八千から九千人の客が来店しますが、彼らのビジネスの七十パーセントはオンラインショッピングで、ブルックリンにある五千六百坪以上もある倉庫を使って営業しています。この業界の競争は極めて熾烈ですが、B&Hは安息日には営業しません。彼らは金曜日の午後一時に店を閉め、人々が最もショッピングをする土曜日は一日中休業します。安息日の間、客はB&Hのサイトを見ることはできますが、注文することはできません。先日、ある客がB&Hの広報責任者にブラック・フライデー（訳注＝直訳では、黒字の金曜日。アメリカでは十一月の第四木曜日が感謝祭で、その翌日の金曜日からクリスマス商戦が始まるといわれ、一年で最も店の売上が伸びる日）に、どうして店もオンラインストアも閉店するのかと尋ねました。「それが、より権威ある方への私たちの応答だからです」と広報責任者は答えました。

チック・フィル・AとB&Hのオーナーたちは、安息日を守ることで神に敬意を払い、信頼することを選びました。彼らの経営方針は、時流に逆らうものです。同様に私たちが安息日の戒めに敬意を払うとき、社会の主流に反したスタンスを取ることになります。その行動を通して、私たちは宣言します。「それが、より権威ある方への私たちの応答です。」

霊的変容としての安息日――新たなアイデンティティーを受け取る

安息日の賜物は、三千五百年前私たちの霊的祖先に与えられました。古代イスラエル人たちは、四百年もの間エジプトの王たちの奴隷でした。聖書的に言えば、それは十世代に及びます。モーセのリーダーシップのもと彼らは自由の身となり、シナイ山で神は十戒を与えられました。その中に、安息日の戒めが含まれています。

歴史家トーマス・ケイヒルによると、それ以前の文明社会で労働者に定期的な休日が与えられたことは歴史上ありませんでした。安息日の賜物は、まさに先例のないユニークなもので、自分たちはもはやエジプト王の奴隷ではないことを古代イスラエル人たちに思い起こさせるものでした。同時に、彼らの人生は煉瓦を作ることによって定義されないことも教えました。安息日の賜物は、私たちの内にも新たなアイデンティティーを形成し、私たちがもはや奴隷ではないことを思い起こさせてくれます。人生は何かを生産したり、成功する能力によって決定されるわけではありません。私たちの価値は、創造主によって愛されているという事実によってすでに確証されています。行いによってではなく、神の息子であり、娘であるという永遠に変わることのない価値を私たちは持っています。

この本の初めで、友人のジェフが私に語ってくれた言葉を紹介しました。「これまでずっと、君は『できる男』でなければいけないと感じていた。」その言葉に共感していると、彼は続けてこう言いました。「神は、君にこう語っているように感じる。『あなたは「できる男」である必要はない。ただわたしの息子であってほしい。』」この言葉に私は不意を突かれました。大きな重荷が肩から下ろされた気がして、目から涙が溢れました。日本人として、人前で感情をあらわにしないようにと教えられてきたにもかかわらず……。

あなたも「できる男」、あるいは「できる女」でいなければいけないように感じたことはありませんか。あなたのために、神は別の言葉を持っておられます。「あなたはただ、わたしの息子であってほしい。」「あなたはただ、わたしの娘であってほしい。」

私たち家族は、三歳を過ぎてもまだ子犬のような振る舞いを見せるサーシャというゴールデン・レトリバーを飼っています。サーシャは、番犬としては全く役に立ちません。おそらく泥棒が入って来ても、その人にしっぽを振ってじゃれついたり、お腹を見せて撫でてもらおうとする犬です。私たちがサーシャを愛しているのは、彼女が役に立つからではありません。サーシャが存在してくれているだけで、愛おしいと感じます。

七歳になる息子のジョーイにも、全く生産性はありません。レゴで遊ぶのが大好きで、片付け物が大の苦手。お金を稼ぐこともしません。しかし、彼が存在してくれるだけで、息をしているだけで、私たちは彼を愛しています。彼のためなら、自分たちのいのちさえ捧げることができると思っています。

何かができるようになる前から、ただ存在し、息をしているという理由だけで創造主なる神から愛されていると知るとき、私たちは労働の神の奴隷になることから解放されます。人から認められようとして、偽りの自分を生きる必要もなくなります。安息日を守ることによって、成功や生産性といった偶像を礼拝することを拒否します。賜物として安息日を受けるとき、私たちが行いの人（human doings）や厳しい上司の奴隷ではなく、人という存在（human beings）であること、愛されている息子や娘であることを思い起こさせてくれます。自由を与える神から愛されているというアイデンティティーを持って生きると、長所であろうと短所であろうと自分の両方の限界を受け入れられるようになります。

賜物としての安息――休息から始める

私にとって初めての本が上梓されたとき、いつも明るく人のいい友人がこう言ってくれました。「おめでとう！　あなたには、安息日を受ける価値があるわ。」良かれと思って言ってくれた言葉ですが、彼女はまちがっています。私たちに安息日を受ける価値があるのではありません。それは、報いとして得るものではないからです。ただ賜物として受けるだけです。

創世記によると、神は創造の七日目に休まれました。最初の人であるアダムは、六日目に創られました。ということは、人類としてこの世で迎えた第一日目は休日です。安息日から、私たちの存在が始まりました。働く前に休みを取るよう、神が私たちを造られたのです。この順序を破ると、自分自身に害を及ぼすようになり、愛する人をも失ってしまいます。

私たち個人の存在も、安息から始まります。私たちが子宮で形作られていたとき、両親がどんなに教育熱心だとしても、中国語やフランス語の単語を暗記していませんでした。子宮の中でピアノの練習もしていません。私たちは、単純に安息していました。

一日もまた、休息から始まります。私たちのほとんどは朝起きてシャワーを浴びたり、一杯のコーヒーを飲むことから一日がスタートするように感じているかもしれません。しかし、ユダヤ的な観点から言えば、一日は日没の夕方から始まります。ユダヤ的な考え方では、一日は休息から始まります。創世記一章に描かれる創造のプロセスでは、「夕があり、朝があった。第一日」と書いてあります。ですから、ユダヤ人は金曜日の日没とともに安息日を始めるのです。それは霊的形成力のある習慣であり、一日は休息から始まること、また私たちが休んでいる間にも神は働いておられることを思い起こさせてくれます。

もしあなたが昨晩私たちの家に泊まったとしたなら、朝起きると裏庭の芝生の上や塀に作られた蜘蛛の巣の上に露が降りている様子や、小さく実ったイチジクやピンク色のさくらんぼの実などを目にしたことでしょう。私たちが眠っている間にも、神は私たちの周りで働いておられます。眠っている間にも、神は私たちの内に働いておられます。手に負えない問題に直面するとき、単純に夜眠りに就くことが必要です。目が覚めたとき、その問題に解決策が与えられるでしょう。脳神経学者も、そのことを裏付けています。睡眠中も私たちの脳は活動を続けており、一晩眠りに就くことで洞察力を必要とする問題が解決される確率は二倍以上になるそうです。

聖書を見ると、眠っている間に神はすばらしい賜物をお与えになります。眠っている間に、アダムには人生のパートナーが与えられました。ソロモンには、伝説的な知恵の賜物が与えられました。イエスの父であるヨセフは、神からの重要なメッセージを聞きました。神は眠りに就くことがないので、私たちにはそれが可能なのです。神が常に働いておられるので、私たちは休息することができます。詩篇一二七篇にあるように、私たちが早く起き、遅く休み、労苦の糧を食べたとしてもそれはむなしいことです。「主は愛する者に眠りを与えてくださ」（二節）います。私たちの労働の実は、神によるのです。

十戒の四つ目の戒めは単に休むことだけでなく――ワーカホリック気味の私たちにとって、休む命令の方がより必要かもしれませんが――私たちが働くことも命令されています。それが頭、あるいは肉体を使うものであれ、労働は崇高な行いであって、働かれる神の御姿を反映するものです。しかし、私たちの存在は、休むところから始まりました。一日は、休むことから始まります。一週間は安息日の賜物を受け取り、休んでから始めるように求められています。この招きに従うとき、仕事を終えて倒れこむように休むのではなく、まず休息を取ってから仕事をするようになります。

恵みとしての安息日――信頼することから始める

神学校時代から、私は二十四時間の安息日を守るようになりました。よく月曜日の朝に重要な試験があったため、土曜日の夕食時から日曜日の夕食時までを私の安息日と定めて日曜日の夜は月曜日の試験に備えて勉強するようにしました。悪い成績を取りたくなかったので、安息日に本を開いて試験の勉強やペーパーを書きたいという誘惑にも駆られましたが、自分の力ではなく神を信頼するよう招かれているように感じました。

私はもはや学生ではありませんが、神は引き続き安息日を守ることを通して、自分の力ではなく神を信頼するよう招いておられます。去年、カナダ全国からペンテコステ系の牧師が集まる大きな大会に招かれました。もともと私はあまり几帳面な性格ではなく、その招待状の内容を注意深く読んでいませんでした。私の印象では、ただ一回基調メッセージを行うだけだと思っていました。大会の数日前、私は二回のメッセージを担当することになっていて、そのうちの一つは一から準備が必要であることに気がつきました。自分のスケジュールを見ると、その準備が可能な日は唯一私の安息日だけでしたが、神を信頼するよう招かれていると感じた私はその日も休みました。神からの召しを心に留め、安息日には働きませんでした。もしあなたがペンテコステ系の牧師であるなら、そのことに関して何の問題もないと感じるでしょう。ただ立ち上がって聖霊の降臨を受ければ、轟くような声で預言の言葉がほとばしるはず……。しかし、正直に告白すると、私はそれほどの油注ぎを受けていません。実際、私には説教準備が必要です。安息日にはきちんと休みを取りましたが、大会当日にはメモを見ずに話すための練習時間まで与えられて感謝でした。たとえ週七日働きたいという誘惑に陥ったときでさえ、安息日の賜物を通して、私のまわりに降ってくる「マナの恵み」によって生きることを学んでいます。

私たちの教会員であるメラニーは、先ごろ研修医としての最後の年を終えたばかりです。研修最後の年は病院での多忙な勤務をこなすだけでなく、医師国家試験の準備もしなければいけません。試験のために毎日勉強もしなければと思っていましたが、毎週二十四時間休みを取り、人生を楽しむよう神が招いておられると感じました。勉強やコンピューター、メールからも一切離れます。メラニーはこう証しします。

自分の力ではなく、わたしの助けによって国家試験に合格できると信頼しているかと神が尋ねておられるように感じました。他の救命病棟の研修医や医師たちは、安息日など取らない方がいいと助言してきて、初めは彼らの助言にストレスを感じました。彼らの方が、試験に関してよく知っているので。でも、夫や家族、教会の友達は家事などを助けてくれて、私が安息日を取るよう励ましてくれました。神は、毎週の課題を七日ではなく六日でこなせるよう私に力を与えてくださいました。すると、定期的にジョギングやエクササイズをしたり、週一回の祈りのクラスを取る「余剰の時間」さえあることを私は発見したのです。

試験に合格した後、メラニーは卒業式でのスピーチの中で神に対する感謝の気持ちを表しました。「私が試験に合格したのも、研修医としての務めをやり遂げられたのも、私の力ではなく神の愛と恵みのおかげです。」ここで私は安息日を守れば試験に合格し、すべてはうまくいくと言っているのではありません。安息日を守るだけの信頼を神に持ち、結果は神の御手にゆだねることが私たちには求められているのです。

クリスチャン・リーダーとして人々から尊敬されている知人が、ニューヨーク市で若手エリートたちのための集会で教えたときのことです。安息日の習慣とは、利己的な野望に対する一種のブレーカーのようなものだと彼は説明しました。つまり、自分に意味や価値を与えてくれるものを週に一度やめてみることだ、と。集会後、ある若い女性が彼に近づいて来ました。その表情と態度から、彼女が苛立っていることがわかりました。「私はニューヨークでもトップクラスの法律事務所に勤務する弁護士で、いずれはその法律事務所の共同経営者になる予定です。これは神から与えられた仕事だと確信しているから、休日なんて取れないわ。私に課せられた仕事量からいって、それは無理よ。」リーダーである彼は答えました。「それはあなたが自分に語っている物語の筋書きですが、果たしてその物語は真実でしょうか。」

その若い弁護士は怒りをあらわにして、立ち去りました。

それから数分後、別の若い女性がそのリーダーに近づき、たった今立ち去った女性と同じ弁護士事務所に勤めていると自己紹介しました。この女性は、毎週安息日を取る決心をしたと告げました。「物事を可能にするには、恵みが必要だと感じています。すべてのことは恵みであり、私の成功も恵みです。それは、日々与えられる賜物です。この賜物が私に与えられているとすれば、休息も与えられているはずですよね。」もともと持っている才能や能力から言えば、この二人の女性にあまり大きな違いはありませんが、それぞれの物語に対する見方に大きな違いが見られます。前者の筋書きは「自分の力で頑張って、つかみ取る」というもので、後者の筋書きは「これは、純粋に賜物」というものです。

この話を読んだ後、「とは言え、私の仕事の量からいうと、二十四時間の安息日を取ることなんて非現実的だ」と思う人がいるでしょう。自分の仕事は神から与えられたものだと自覚していると、一日でも休みを取ることは不可能と感じる人が多いようです。しかし、その努力する筋書きは神によって書かれたものではなく、私たちが自分自身に語っていると安息日の戒めは気づかせてくれます。偶像を礼拝することによって法律事務所の共同経営者になったり、大学教授の終身在職権を得たり、医師国家試験に合格したり、目標としていた仕事を得たところで、これからも永遠に仕事の神の奴隷になるだけです。そのような生き方は、人を苦々しくしてしまいます。絶えず忙しく、多くの仕事をこなしているかもしれませんが、永遠に残る実を結ぶことはできません。しかし、安息日を聖なるものとする行為は、神を信頼することです。神が私たちの優先順位を替え、懸命に働く恵みと力を与えてくださり、必要なことは六日間でこなせると神に信頼することです。私たちは一日休むことで、すべてのことを賜物として受け取るのです。

〝達成を求めるアダム〟と〝魂を求めるアダム〟は、調和のうちに共存できるのでしょうか。安息日の戒めが働くことと休むことの両方を求めている事実から見ても、働くことを望む〝達成を求めるアダム〟と休息することを望む〝魂を求めるアダム〟は一体となって存在することは可能です。

聖なる休息を取る習慣を養う

とても冷え込んだある二月の朝、同僚のキャサリンが車で通勤途中に高速道路上にできた薄氷の上でスピンしてしまい、コンクリートの柱に衝突してしまいました。衝突する直前、死ぬかもしれないとキャサリンは思ったそうです。彼女のいのちは助かりましたが、その後ひどい脳震盪の後遺症に悩まされました。脳の癒やしのために、レム睡眠（レム睡眠中に多くの夢が見られる）が必要だと医者は言いました。

私たちの魂が真の癒やしや回復を経験するためにも、想像力に満ちたこのレム休息が必要です。無理してリラックスしようと努めるとき――例えば、休暇中にプールサイドで横たわっているときなど――五分後にはやらなければいけないことが頭の中を駆け巡り、何もしていないことに罪悪感を覚えたりするものです。安息日を恵みとして受けるには、まずこの世も自分の人生も天の父の力によって動いていると信頼する必要があります。この信頼は自分を神とするのではなく、神を神として認め、神に祈り礼拝することから来ます。ユージン・ピーターソンの言葉を借りて言うなら、祈りと遊び（pray and play）のための一日を確保すると、私たちは安息日を聖なるものとすることができます。

私たちをいのちに溢れさせてくれるものはすべて、霊的習慣と言えます。

私の場合、外で体を動かしているとき、それがブリティッシュ・コロンビア州立大学近くのトレイルを愛犬と一緒に走ることであっても、海でカヤックやヨットに乗ることや、あるいはビーチで泳ぐことであっても、自分のいのちがイキイキしていると感じます。あなたにとっては、音楽を聴いているときや美しい芸術作品を目にしたとき、感動的な映画を見たときや大好きな物を食べているとき、あるいは誰か特別な人と一緒に時間を過ごしているときが最もイキイキしているかもしれません。友人マーク・ブキャナンが著書『神の休息』の中で言っているように、安息日は「しなければいけないことを止めて、いのちを与えることを受け入れる……時間や場所や体力もないという理由から、これまで後回しにしていたことをやってみる。義務の殻を脱ぎ捨てて、特権を手にすること」です。

安息日は簡単な霊的習慣のように思われるかもしれませんが、ヘブル人への手紙の作者は「この安息に入るように努めようではありませんか」(四・一一) と勧めています。安息日に入るには、努力が必要なのです。C・S・ルイスが言うには、ほとんどの人が言う「忙しい」は怠けている証拠だそうです。というのも、休息を取るための計画をきちんと立てていないからです。実際、安息日に入るためには前もって何をするか、何をしないかを決めておく必要があります。安息日に、私は黙想の祈りの中で創造主と共に過ごします。その後水泳をし、歩いて息子を学校まで送ります。街外れにあるトレイルで愛犬と散歩します。妻の早基子とランチに出かけ、夕食にはよくバーベキューをします。私にとってバーベキューは、仕事ではないので。ウイークデーとは異なるクリエイティブな活動をすることも、お勧めです。安息日に私は、仕事関係のメールやSNSを開かないようにしています。請求書の支払いやデスクワークもしません。義務から生じるショッピングも一切しません。

もし週に二日休みがあれば、そのうちの一日は日常的な用事にあて、もう一日を安息日とすることもできます。安息日を守ることを律法的に考えないことが大切です。イグナチオ・ロヨラの「意識の究明」の祈り（Prayer of Examen）では、自分の内面を知るための質問をします。「これは、私に喜びをもたらすだろうか。」喜びをもたらすか、悲しみや後悔をもたらすかを知ることによって、どのように安息日を守るかを教えてくれます。私は庭仕事が得意な方ではありませんが、芝生を刈るのは好きです。しかし、安息日に芝生を刈った後「ついでに、垣根の刈り込みやサクランボの木の剪定もしようか」と、自分に聞いてみます。やり過ぎると楽しさが消えて、仕事になってしまいます。小説を読むことも私の気持ちを高揚させてくれますが、読んでいる箇所が説教や原稿を書く上で助けになると真剣に考え始めると、仕事のようになってしまいます。私は個人的にスポーツをしたり観戦するのは好きですが、もしあなたもスポーツファンなら、野球やサッカー、バスケットボールの試合を観ることで本当にリラックスしたり回復力が与えられるか自問した方がいいと思います。スポーツ観戦は娯楽ですが、時として心や体力を消耗させてしまうことがあります。

心理学者が言うには、脳は実際私たちに幸福感をもたらすものを誤解することがあるそうです。私たちはテレビを観るとリラックスできると思っていますが、アメリカ心理学会の研究結果によると、二時間以上テレビを観ると実際に気分は落ち込むそうです。散歩やハイキングは体力を消耗させるものの、気分を高揚させる働きがあります。安息日を守り聖なるものにしようと努めるとき、私たちに喜びをもたらし、神に近づく習慣を実践していることになります。

休息を求める心を養う

どのような習慣であれ、新しく生活に取り入れるのには時間がかかります。脳の化学物質は、常にハードな仕事をするときに放出されるアドレナリンを求めます。それはちょうど、アルコール依存症の人がお酒を求めるようなものです。スマートフォンでメールやSNSをチェックすることにも、同様の中毒性があります。新しいメッセージを開くたびに脳にある快楽を与える部分が輝き、報酬系ホルモンが少量与えられるからです。実際、もしあなたが仕事から離れる時間を取ったことがないなら、初めのうちは安息日を守る習慣にストレスを感じるかもしれません。

ある神学校の学長が、休暇を取ったときの経験を話してくれました。寄付金を集める大規模なキャンペーンの企画・運営を陣頭指揮した後、彼は妻と共にイギリスのウェールズに旅行し、「目標達成」の歯車から下りてリラックスできると思っていました。携帯電話もインターネットも、メールの使用もやめました。散歩し、本を読み、寝食とおしゃべりを楽しむ中で、彼らは行いやパフォーマンスの世界から、存在そのものを重視する沈黙と観想の世界へと移行しました。

しかしウェールズにいる間に、予期せぬことが起こりました。「私は、深刻な離脱症状に陥ってしまった。精神的にも肉体的にも」と彼は告白します。「仕事がしたくてたまらない状態になり、何もすることがないのが苦痛でたまらなかった。私にとっては深刻な危機的状況だった。」仕事だけを追い求めてきたので、存在そのものよりも何かをすることに彼は価値を見出していました。安息日は、彼の人生から完全に締め出された状態だったのです。家に戻った後、彼は安息日をきちんと守る新しい生活リズムを持つ決心をしました。メールやインターネット、コンピューターを一切使用しない二十四時間の休息を持つようにしました。教会で礼拝したり、家族や友人と過ごしたり、庭仕事をする時間は持ちましたが、仕事関連のことは何もしませんでした。週一回の安息日を守るようになって一年近くが経ったとき、予期せぬ成果に彼は驚きました。より深いシャローム（平安）を実感できるようになったのです。

安息日を守る習慣は仕事にエネルギーを与えるだけではなく、ウイークデーをさらに有意義で祈り深いものにします。前章でお話ししたように、シンプルな朝の祈りの習慣を持つことによって、私たちはその日一日中神に心を留めて生活するようになります。もし定期的な祈りのリズム（たとえ、それが短いものであっても）を持って生活するなら、私たちの仕事は祈りになると聖ベネディクトは教えています。彼の教えは「祈ることは働くこと、そして働くことは祈ること」という言葉に集約されています。

安息日の賜物を通して、私たちはただ額に汗して働くだけではなく、天から降りてくるマナの恵みによって生きていることを心にとめます。この恵みによって、私たちはもはや「できる男」や「できる女」である必要はありません。もうすでに神の息子であり、娘なのですから。〝達成を求めるアダム〟があなたを成功への道に駆り立てようとするとき、〝魂を求めるアダム〟を受け入れ、安息日の賜物を享受できるだけの信仰を持つようにと促す神の招きの声があなたの耳には聞こえませんか。このすばらしい招きを断る手はありません。

イエスはおっしゃいました。「わたしと一緒にここから脱出しよう。そうすれば、あなたのいのちは回復する。わたしは、あなたに合わないものを何一つ押し付けないが、ごく自然な恵みのリズムをあなたに教えよう。肉体にも魂にも、自由で軽やかな生き方をあなたに教えよう。」（マタイ一一・二八〜三〇、メッセージ訳）

✝内省とディスカッションのために

一　あなたは現在、仕事（仕事関係のメールやライン、ＳＮＳを含む）から完全に離れる二十四時間を持っていますか。

二　二十四時間の安息日を持つことに不安（あるいは難しさ）を感じますか。

三　安息日を守ることで、神の子どもとしてのアイデンティティーがどのように形成されると思いますか。

四　安息日を守ることで、あなたの神への信頼がどのように深められると思いますか。

五　安息日の恵みを受け取るために、どのような事前の計画が必要となるでしょう。

六　安息日にすることの中で、何があなたにとって一番いのちを与えてくれるものでしょうか。反対に、あなたを疲れさせるものは何ですか。

《祈り》休息の神よ、私は忙しい毎日を過ごしています。やるべきことは山積みで、私のスケジュールは情け容赦のない暴君のようです。一息つく時間を持ち、再び主の安息に入ることができるように助けてください。良き神であるあなたと、このいのちを楽しむことができるように私を解放してください。行いによって自分を正当化しようとする私をお赦しください。あなたの恵みの中で、日々休息することができるように助けてください。アーメン。

第六章　感謝する心——神の賜物を味わう

幸せになるために、とびきりすばらしいときを持つ必要なんてないわ——日々の生活の中で目を凝らし、感謝する習慣を持っていれば、それは私の目の前にあるのだから。

ブレネー・ブラウン

最近息子のジョーイと一緒に、『心のパンを作る』という児童書を読みました。物語は、レイチェルという少女がおばあさんからパン作りを学んでいるところから始まります。一緒にパンを作りながら、おばあさんはお腹を満たしてくれる「お腹のパン」と心を満たす「心のパン」についてレイチェルに話します。おばあさんがまだ小さかった頃、ヨーロッパは戦時下にありました。当時の多くの子どもたちがそうであったように、彼女も両親と家を失い、いつも空腹でした。やがて難民施設に保護され、そこで愛情溢れるやさしい人たちに出会いました。しかし、彼女も他の子どもたちも、夜よく眠ることができません。家もなくお腹を空かせていた経験が頭から離れず、食べ物がない日が再び来ることを恐れていたからです。そこでひとりの知恵ある人が、子どもたちに一切れのパンを持たせて寝ることを思いつきました。パンを手にすることで「今日も食べることができた。明日もまた食べることができる」ことを記憶に留めることができます。パンを抱えながら、すべての子どもたちは安眠に就くことができました。

実話を元に作られたこの物語は、「意識の究明」の祈りを最も具体的に説明したものだと私は思っています。その祈りとは、十六世紀のスペインの神父イグナチオ・ロヨラによって作られた感謝の祈りで、この五百年の間イエスに従う世界中の人々によって実践されてきました。一日の終わり（あるいは始まり）に、この二十四時間の間に起こったことを思い返し、その経験について考えます。例えば、人との出会いや会話、仕事、自分の時間などを思い起こします。その日の出来事やそのとき抱いた感情などを思い浮かべながら、いくつかの質問をします。いつ、私は最もイキイキしていたか。最も喜びを感じたとき、あるいは最も神を身近に感じたときは、いつだったか――。それから、それらのことを神に感謝します。

その日を振り返りながら、このような質問もします。いつ、最も不安になったり、フラストレーションを感じたり、怒りを感じたか。神を最も遠くに感じたのは、いつだったか――。それから、祈りの中でそれらのことを神にゆだね、そこから解放されます。神が私たちの心と体を養ってくださっているという現実に心を留めることは、パンを手に安眠に就く行為と似ています。神がしてくださったことを見て、私たちはこう言います。「今日私は養われた。明日も神は私を養ってくださる。」愛されていると感じるとき、より多くの感謝や喜びを感じ、私たちもよく眠れるようになります。

先週の月曜日に私が行った「意識の究明」の祈りを例にとって、見ていきましょう（私は毎晩その時間が来ると、腕時計のアラームが鳴るようにセットしています）。まず朝、水泳ができたことを感謝します。高校生のときの怪我が原因で、長距離を走ることはできませんが、泳ぐことはできます。そのことを感謝します。月曜日は私の休日なので、小学二年生のジョーイを学校まで歩いて送ります。私が送るときはなぜか、いつも遅刻ギリギリになります。そこで、ジョーイが思いつきました。「これが僕のソリで、サーシャが僕のトナカイ！」サーシャはハスキー犬と同じくらい強いので、彼女のリードをキックスクーターのハンドルに取り付けて、走り出しました。とても楽しい時間でした——と同時に、妻がそこにいなかったことを感謝しました。案の定不安定なキックスクーターに乗ったジョーイは転倒しましたが、感謝なことに大した怪我にはなりませんでした。もし大怪我でもしたら、私の責任になるところです。そのことも感謝でした。その日に食べたおいしいカレーライスのことも感謝しました。

今数分時間をとって、この二十四時間に起こった出来事を考えてみてください。感謝していること、イキイキさせてくれたこと、喜びを与えてくれたことについて思いを巡らせてみてください。

それから、神に「ありがとうございます」と言って感謝を表します。たった今、あなたが行ったのが「意識の究明」の祈りです。

感謝を捧げることを習慣とする

定期的に感謝を捧げるこの習慣がいったん身につくと、一生継続できる可能性が高くなります。何か良い経験をするたびに、「このことを今夜の意識の究明で言おう」と心の中で思うようになります。それと同時に、その瞬間の喜びも深く味わえるようになります。過去に起こったことに感謝できると、今のこの瞬間も深く味わえるようになるからです。

「喜びがあるから、感謝するのではない。感謝する心があるから、喜ぶことができるのだ」とベネディクト会の修道士デイビッド・ステインド＝ラストは言いました。ベネディクト会の修道士と修道女は、詩篇の全一五〇篇を暗唱しています。その上で、それらの詩篇――その多くは、感謝を捧げる言葉で溢れています――を毎週祈ります。つまり、デイビッド兄弟は日頃から感謝を捧げる習慣を持っているのです。感謝する心を持つためのトレーニングを積んでいるからこそ、修道士たちは常に深い喜びを経験しています。

ある調査によると、感謝する心を持つ人は二十五パーセントほど注意力や体力面で平均値を上回り、よく眠れるという結果が出ています。脳が喜びを感じると光って知らせるＭＲＩ検査によると、おそらくこの世において修道士たちが最も幸せな人だろうと言われています。清貧と貞潔、忠実の誓いを立てた人々が地球上で最も満足している人たちだと、誰が想像するでしょう。しかし、修道士たちは黙想の祈りなどの霊的習慣を通して今この瞬間を生きるように心と頭をトレーニングしている人たちなのです。

もちろん、感謝を捧げる習慣は修道士や修道女だけのものではありません。

クリスチャン作家であるアン・ヴォスキャンプは、感謝を捧げることに人を変える力があることを知っています。彼女は、深い悲しみを経験した人です。彼女が四歳のとき、まだヨチヨチ歩きだった彼女の妹が猫を追って自宅の農場内にある道に出てしまい、配達トラックにはねられて亡くなりました。アンはまた、幼い二人の甥を（一年半以内に）遺伝的な珍しい肺の病で失くしています。農場を営む妻として、また（最近中国から養子縁組で迎えた女の赤ちゃんを含む）七人の子どもをホームスクールで育てる母親として、彼女の生活は多忙を極めます。また私たちと同様に、彼女は自分のことを失敗者とか、いたらない人間のように感じるときもあります。

五、六年前、ある友人が日々の暮らしの中にある千の賜物を挙げてみるようアンに勧めました。それがきっかけで、彼女は感謝を捧げる習慣を持つようになりました。たとえ、それがどんなに些細なことであっても……。

一　古びた床に伸びる朝日の影。
二　トーストの上にたっぷりのせたジャム。
三　高いトウヒの木から聞こえる青カケスの声……。

「あなたは変わったわ」と別の友人が言いました。誰の目にも、アンはより希望に満ちた人に成長しました。より感謝の心に溢れ、幸せになりました。

「それって、ただリストアップするだけなんでしょ」と不思議に思う人もいました。感謝を捧げることが習慣になると、彼女の人生は変わりました。何気ない日々の時間の中に、神のすばらしさや喜びがあることに気づくようになりました。

ほとんどのクリスチャンは、ヨハネの福音書でイエスがおっしゃった「わたしが道であり、真理であり、いのちなのです」（一四・六）という言葉を知っているでしょう。私たちはイエスを真理――すべての知恵の体現者――あるいは、いのち――今現在と来たる世において表された全き神のいのち――として見ていますが、今ここにおいて生きるべき道、つまり生き方の模範としてイエスを見ていないことが往々にしてあります。目に見えない無限の神が天と地の間にあるとばりを分けてこの世に来られ、イエスとして私たちの間で完璧な人生を送られました。そのイエスが生きた道は、私たちが今生きるように求められている完璧な模範です。イエスは時間を取って人生のすばらしい賜物を味わい、感謝を捧げました。アン・ヴォスキャンプはそのイエスの模範に倣い、同じことをしているのです。

イエスの時代の敬虔なユダヤ人たちも、訓練することによって感謝する心は養われると信じ「十八の感謝の祈り（Benediction）」という習慣を持っていました。Bene は「良い」を表す接頭語で、dicitionは「言葉」を意味します。敬虔なユダヤ人は朝起きると、十八のことについて神に感謝します。正午に再び、十八のことを神に感謝します。夜にも、十八のことについて感謝を捧げます。感謝することによって、私たちの心が養われると信じていたからです。

一日三回十八のことに感謝を捧げるのは、かなり大変です。ハーバード大学心理学部の教授ショーン・エイカーは、一日たった五分感謝する習慣を持つだけで、私たちの脳が感謝に溢れるように訓練することができると提案しています。一週間あるグループの人たちに毎日五分、同じ時間にその日に感謝したことを三つ書き出してもらう調査を行いました。それらは特別なことでなくてもいいのですが、ハッキリと具体的でなければいけません。例えば「夕食に食べたタイ料理のテイクアウトが、おいしくて感謝」とか、「娘が私をハグしてくれて感謝だった」、あるいは「上司が私の仕事を褒めてくれた」とかです。調査の参加者は、毎日同じ時間に三つの具体的な内容についてただ感謝します。

一か月が経った後、参加者に対する追跡調査が行われ、感謝する習慣を持った人たち（たった一週間でやめてしまった人たちを含む）はより幸せな気分になり、落ち込むことが少なくなったという結果が出ました。驚いたことに、三か月後もこの参加者たちは以前に比べて喜びと満足感を維持していました。信じられないことに、六か月が経った後も前より幸せで、不安を感じたり落ち込むことが少なくなったというのです。その理由として、一週間ほど一日三つ感謝な出来事を書き留めるという単純な習慣によって、彼らの脳が日々の生活にある良きものに気づきやすい状態を作ったからではないかと研究者たちは仮説を立てています。

例えば、あなたがホンダの白のシビックを購入したいと考えているとしましょう。まだ検討中で、決断には至っていません。するとどうでしょう。あなたはそこら中に白のシビックを見かけるようになります。それはホンダのディーラーが車を売ろうとして、あなたの家の近所や職場周辺を白のシビックで溢れさせているからではありません。実は、あなたの脳が白のシビックのことを考えるようになったので、それがより目につくようになっただけです。定期的に感謝する習慣を持つと、より多くの良いことが私たちの人生に起こるわけではありません。ただ、私たちの脳が良いことに気づく状態を作っているので、感謝や喜び、満足感に溢れるようになるのです。実際には、何も私たちの周りで変化がなくても、です。しかし、感謝の心を養いたいと思うなら、感謝を捧げる習慣を続けることが大切で、毎日それを同じ時間に行うことが理想です。

メイソン・カリーは『天才たちの日課——クリエイティブな人々の必ずしもクリエイティブでない日々』の中で、偉大なアーティストは事細かなルーティーンに沿って仕事をしていることとが多いと述べています。アーティストは自由で決まりごとを嫌い、思いつきで仕事をしているように私たちは思いがちですが、カリーによると世界的に有名な芸術家、作家、作曲家、映画監督ら百六十一人は長きにわたって培った習慣や決まりごとを持っていることがわかります。例えば、作家アニー・ラモットは毎日午前九時に（安息日以外は）机に向かって書き始めます。机に向かうや否や、彼女の潜在意識が「アニー、クリエイティブになる時間よ！」と教えます。有名な小説家トム・ウルフは、毎晩真夜中になると書き始めます。時計の針が真夜中を打つと、彼の潜在意識が「クリエイティブになる時間だ」と告げます。日々のルーティーンを通して、ある時間にクリエイティブになるよう頭を訓練することができます。同じように、感謝を捧げるルーティーンはあらゆる状況下で私たちの霊が感謝するように訓練します。

神の御臨在へと導く扉

たとえすでに感謝の心を持っている人も、繰り返し感謝を捧げる大切さを思い起こし、感謝する心を養い続ける必要があります。聖書全体から、この招きを見ることができます。

- 詩篇記者は言います。「感謝しつつ　主の門に／賛美しつつ　その大庭に入れ。」（詩篇一〇

〇・四）

- ダビデは言いました。「わがたましいよ　主をほめたたえよ。主がよくしてくださったことを何一つ忘れるな。」（詩篇一〇三・二）
- 使徒パウロは言いました。「すべてのことにおいて感謝しなさい。これが、キリスト・イエスにあって神があなたがたに望んでおられることです。」（Ⅱテサロニケ五・一八）
- イエスはパンを裂き、群衆に配る前に天の父に感謝を捧げました（マルコ六・四一、八・六）。

イエスが歩まれた道に倣うという意味には、受けた良き賜物を味わって神に感謝することが含まれています。それを行うとき、私たちは感謝と謙遜な心を養うことができます。もしそれを試してみたいと思うなら、これからの二十四時間あなたが会う人すべてを批判し、不平不満を言ってみてください。人々を批判したり文句を言うと、彼らはあなたから嫌われていると感じ始め、あなたを避けるようになるでしょう。

次に、別の二十四時間あなたが会う人すべてに感謝したり、褒めたりします。コーヒーショップでラテに模様を描いてくれたバリスタにも、「あなたが描いてくれた葉っぱの模様は、すごくきれい！」と感謝の言葉を述べます。あなたの感謝や肯定的な言葉に応答して、人々の心も、実際に体も、あなたの方に向くようになるでしょう。

私たちが神に感謝するときも、同じことが言えます。私たちは、神の御臨在を近くに感じるようになります。神はどこにでも存在しておられますが、理屈抜きで神はご自身の民の賛美に宿る（詩篇二二・三参照）と聖書は教えています。神に感謝し賛美するとき、ますます神の御臨在を生活の中で感じられるようになります。感謝を捧げることは、神の御臨在に導く扉と考えていいでしょう。

一つ明確にしておきたいのは、私たちは神に不平を言っても（詩篇一三篇）、ヨブのように叫び声をあげて拳を振りかざしてもいいのです。神は、私たちの正直な感情に向き合ってくださいます。しかし、神へのコミュニケーションが不平や罵り、泣き言だけになってしまったら、私たちは神を遠くに感じるでしょう。反対に、神に感謝し神を良い方として肯定する時間を持つと、私たちは神を近くに感じます。神を近くに感じ、その御臨在を享受するとき、私たちは変えられるのです。

喜びあふれる謙遜さを養う

感謝を捧げることは、人と比べてしまう弊害もなくしてくれます。「嫉妬は喜びを奪う」と私の友人が教えてくれました。人よりお金も才能も周りからの援助もある人が、必ずしも感謝しているとは限りません。自分よりもっと多くを持っている人と比べてしまうからです。高い学歴や社会的地位、あるいは輝かしい功績を持っているがために、自分は人より優れていて、特別扱いを受けて当然だと思っている人がいます。あなたも、そのような人に心当たりがあるでしょう。そのような態度は人に嫌われるだけでなく、常に期待が実際受ける待遇を上回るので、喜びのない人になってしまいます。

牧師であり、数冊本も書いた友人のピート・スキャゼロは、作家が成功するとどのような危険があるかと彼の出版エージェントに聞いたことがあるそうです。「答えは簡単。一言でいうと、エリート意識よ。有名になると、大きな影響力を持つようになるでしょ。それが彼らを変えてしまう。そういう人は、世の中は自分を中心に回っているかのような態度でミーティングにやって来るの。そういう人たちと一緒に働くのはゴメンだわ。」

歴史上そのようなエリート意識を持っていい人がいたとしたら、それはイエスでしょう。黙示録にも書かれてあるように、イエスは王の王、主の主です（一九・一六）。もし、真の王、あるいは真のＶＩＰがいたとしたら、それはイエスでした。しかしイエスには、自分中心に世の中が回っているとか、特別扱いを受けて当然といった素振りは全くありませんでした。「人の子も、仕えられるためではなく仕えるために、また多くの人のための贖いの代価として、自分のいのちを与えるために来たのです。」（マルコ一〇・四五）

イエスは神のひとり子で、天の父と特別に親しい関係を持っていましたが「父よ、わたしの願いを聞いてくださったことを感謝します」（ヨハネ一一・四一）と言われました。また、人としてこの世に来られる前にこの惑星の創造にも関わっておられましたが、少年からパンと魚を受け取られたとき、「これらのものは、すでにわたしのもの」とはおっしゃいませんでした。神に感謝の祈りを捧げておられます（ヨハネ六・八～一一）。

イエスにはやってもらって当然という意識など全くなく、感謝に溢れていました。

受けて当然という意識は、感謝を殺してしまいます。たとえば、あなたが車を買おうと一生懸命働いてお金を貯め、ディーラーに行ってフォードの車を買ったとします。購入した車に乗ってディーラーを後にする際、おそらく販売員に対して特別感謝な気持ちに溢れることはないでしょう（販売員が驚くばかりの値引きをしてくれたら話は別ですが）。その車を組み立てた人や創業者ヘンリー・フォードに感謝する気持ちも起こらないでしょう。というのも、あなたがそのために働き、お金を貯めて買ったからです。しかし、ただの顔見知りにすぎない人があなたに近づき、車の鍵を目の前でチラつかせてこう言ったとします。「これ、何だと思う？君にフェラーリの新車をあげるよ。」もし実際そのようなことが起これば、クイズ番組で高額商品を勝ち取った人のように飛び上がって喜ぶでしょう。おそらくその人をハグして、あまり知らない人から驚くばかりの贈り物をもらったことに感謝するでしょう。やってもらって当然という意識から解放されたとき、私たちは心から感謝することができるのです。

感謝を捧げていると、〝達成を求めるアダム〟的な欲求やキャリアアップに備えながらも、そのプロセスの中で謙遜さを保つことができます。聖書の中で、ダニエルはバビロン政府の中でトップの地位にまで上り詰めたと書いてあります。彼の生き方を通して表された知恵や勇気、謙遜さに人々は打たれました。「おまえのうちには神々の霊が宿っている」（ダニエル五・一四）としか説明のしようのない、人並み外れた人格の持ち主でした。どのようにして、ダニエルはそれほどすばらしい人になれたのでしょうか。それは偶然ではありません。王以外いかなる神をも礼拝した者は死刑に処するという法令が出たとき、ダニエルは自分のいのちをかけて祈りました。それまで通り、日に三度ひざまずいて感謝を捧げました（六・一〇）。ダニエルが神に感謝を捧げるとき、自身の重職に伴うエリート意識を払拭することができ、感謝と謙遜の念も湧き起こりました。

米ジレット社の伝説的CEO故コールマン・モックラーも、高い地位に就きながら謙遜な人でした。彼は何千人もの従業員や株主のために、非友好的株式公開買付けを三度も跳ね除けました（もしそれを受け入れれば、何十億円ものお金を手に入れることができたでしょう）。彼の助言で、売上も会社の株価も急上昇しました。周りの人たちは、彼の誠実で謙遜な態度と、仕事と私生活のバランスに感心しました。仕事で最も厳しい状況に置かれたときも、家族と過ごす時間を減らすこともなく、夜や週末に仕事を入れることはほとんどありませんでした。神が人生の中心だったので、彼は偉大な会社を築くと同時に偉大な人になることができました。

会社がグローバルに成長するにつけ彼の職責は増す一方でしたが、礼拝を休むことはありませんでした。日曜礼拝を第一にすることに加えて、毎朝その日一日を神に明け渡して祈りました。「主よ、どのようにして今日の決断を導けば良いか私にはわかりません。しかし、あなたはご存知です。あなたが私に示してくださると信頼します。」『ビジョナリーカンパニー』を著したベストセラー作家ジム・コリンズはモックラーを模範的なCEOと称し、アブラハム・リンカーンと比類しています。深い信仰と神への信頼によって、モックラーやリンカーンの〝達成を求めるアダム〟的激しさは変容し、謙遜な〝魂を求めるアダム〟的な人格が形成されたのです。

確かに、〝魂を求めるアダム〟が持つ謙遜さと感謝の心を持ちながら、〝達成を求めるアダム〟が持つ強固な精神を持って高い地位まで上り詰めることは可能です――もし、私たちが神に心を向け、感謝を捧げることを忘れなければ。

日々の中にあるすばらしさを味わう

映画『アバウト・タイム――愛おしい時間について』では、タイムトラベルができる父と二十代の息子が描かれています。目をつぶって拳を握り、過去の出来事を鮮明に頭に描くとその時に戻ることができ、もう一度その時を生きることができます。父は息子のティムに、その能力の使い方についてアドバイスを与えます。「毎日、他の人と同じように普通の生活を送るべきだが、不安や緊張のために初めて経験したときには見過ごしてしまったことも、その日をもう一度ほぼ同じように生きると、二度目には気がつくんだ。この世がどれほどすばらしいかということを。」

ティムは同僚で親友のローリーと同じ法律事務所で働いていますが、ある日ローリーが上司から不当に叱られるのを目の当たりにして不快な思いをします。その後、ティムはコンビニでサンドイッチと飲み物を買いますが、他のことに気を取られてレジではうわの空で商品を受け取るだけです。それから急いで駅に向かって電車に乗り、裁判所では勝訴します。地下鉄に乗って帰宅途中、彼は隣に座った男性のイヤホンからの音漏れにうんざりします。

同じ日を二度目に生きるとき、ローリーが不当に叱られているのを見て、ティムは上司を指した矢印に「バカな奴」と書いた紙を上司の後に掲げてローリーに見せます。それからサンドイッチと飲み物を買うときも、レジの人の目を見てニッコリと笑い、「ありがとう」と言います。駅を走り抜けるときも、驚嘆の目をもって歴史ある壮大なアーチ型の天井を見つめます。その後、彼の依頼人が無罪を勝ち取ると、その人と抱き合って喜びます。帰路についた地下鉄車内で隣り合わせた男性から音楽が漏れ聞こえると、そのメロディーに合わせてエアギターに興じます。

映画の終盤で、ティムは悟ります。「タイムトラベルから最後の教訓を学んだような気がする。親父より一歩先に進めたかもしれない。実際、今は全くタイムトラベルをしていないんだ。一日も。その日に帰って来たかのように、毎日の生活を意図的に送るようにしている。この日が平凡な人生の、特別な最後の一日であるかのように楽しむために。」

イエスは、この日が最後の一日であるかのように毎日を過ごすように私たちを招いておられます。日々の緊張やストレスのために神からのすばらしい賜物を味わい損ねたり、神に感謝を捧げることをやめてしまわないようにするためです。

結婚式の司式を頼まれると、私はよくカップルにこう助言します。「結婚式当日はとても忙しくストレスも多いので、そのすばらしさを見過ごしてしまいがちです。ですから、細部にわたって式次第に気を配りながらも、この最も美しい一日を賜物として味わうときを持つようにしてください。そうしないと、何が何だかわからないうちに、あっという間に終わってしまいますよ。」同じことが、忙しくストレスいっぱいの人生にも言えます。何が何だかわからないうちに、あっという間に終わってしまうことがあり得るのです。ですから、時間をとってそのすばらしさを味わおうではありませんか。人生の物語を再び吟味するために、タイムトラベルする必要はありません。

人生の物語を味わう

最近行ったリトリートで、私は時間を取って自分の人生に影響を与えた大きな出来事を書き出しました。そのリストを見返してみると、大きなターニングポイントとなった出来事はどれも、自分で計画したものではなかったことに気がつきました。

- 二歳のとき、家族が日本からロンドンに引っ越したこと。
- ティーンエイジャーのとき、万引きをして捕まったこと。
- 家族ぐるみで付き合っていた友人から誘われ、夏のクリスチャン・キャンプに行ったこと。
- 友人から、将来の妻となる人を紹介されたこと。
- 現在の仕事に至る導きを受けたこと。

これまで私を助けてくれた多くの人のことも、頭に浮かびました。私はよく人から勤勉で積極的な野心家タイプだと言われますが、驚いたことに私の人生で最も重要な扉は賜物として開かれていました。

自分の人生の物語を振り返るとき——自分の家族、生まれた国、影響を受けた人々、与えられた機会など——人生で最も重要な要素は無条件に与えられた賜物であることに私たちはよく気づかされます。確かに懸命に働き、すべての機会を最大限に用いようと努力したかもしれませんが、人生の旅路のほとんどは恵みの跡をたどっています。

自分の人生が純粋に賜物だと気がつくと、してもらって当然という態度で人生をつかもうとしなくなるでしょう。〝達成を求めるアダム〟の勤勉さをもって働き、〝魂を求めるアダム〟の目を持って謙遜に恵みに気づきながら生きるようになります。不安でいっぱいの人でなく、謙遜さと平穏が滲み出る人になるでしょう。自分の人生が神によって動かされていることに気づくと、安息日の賜物をさらに享受できるようになり、喜びをもって創造主に感謝と礼拝を捧げ、豊かに与える人になります。

もしあなたがジムに行って、ただ一度だけウエイトトレーニングをしたとしても、強くなることはありません。筋肉痛になるだけです。一度や二度ジョギングしても、耐久力を養うことはできません。ただ疲れるだけです。しかし、長期にわたってエクササイズを続けるなら、あなたの体は変わります。神に感謝を捧げることにも、同様のことが言えます。すぐにではありませんが、毎日神に感謝を捧げていればあなたの人生は必ず変わります。創造主とのつながりが強まるほどに、あなたは感謝に溢れ、満足感と喜びが増し加わります。

この本を書いている現在、私の父は腎不全のため自宅で腹膜透析を受けています。目もほとんど視力を失い、母がおもに父の看病をしています。長期にわたる看病で疲弊した状態にあっても、母は神や周りの人々に驚くほど感謝を表します。母の心から湧き上がる喜びや満足感、感謝の気持ちを目の当たりにすると「これこそが、神によって変えられた心。長年にわたって神に従って同じ方向を歩み続けた証しだ」と思います。神に感謝を捧げることが生活の一部となるとき、あなたの子どもたちや甥、姪、周りにいる人々はあなたを見て、こう言うでしょう。「これこそが、神によって変えられた心。長年にわたって神に従って同じ方向を歩み続けた証しだ。」

✝内省とディスカッションのために

一　今、あなたが最も感謝していることは何ですか。

二　日々神に感謝する習慣は、どのようにして神のすばらしさに気づかせてくれるでしょう。

三　日々感謝を捧げる習慣を持つのに適した時間はありますか。もし、初めから毎日するのが大変そうなら、週に一、二回でもできそうな時間はありますか。

四　これまでのあなたの人生を振り返り、次の文章を完成してください。私の人生の物語は、（　　　　　　　　）です。

五　長期的に見て、「意識の究明」の祈りはどのようにあなたの人格を変えることができるでしょうか。

《祈り》主よ、あなたは多くのものを私に与えてくださいました。さらにもう一つ、感謝する心をお与えください。

ジョージ・ハーバー

第七章　簡素であることの豊かさ——なぜ、減らすことが豊かさにつながるのか

簡素であることは、自由を与える。
リチャード・フォスター

十二歳の頃、私はバイクに夢中でした。自分のバイクは持っていませんでしたが、親友が所有していて、時々私にも乗せてくれました。ある日、母と東京から訪問していた祖母と共にバイクショップの前を通りました。私がスズキのオフロードバイクを見つめて歓声をあげていると、「ケンちゃん、そんなにバイクが好きなら、私が買ってあげるわよ」と祖母が言ってくれました。私は天にも昇るような気持ちになりました。次の母の言葉を聞くまでは……。「バイ

クなんて、絶対ダメ。もし事故でも起こしたら、お母さんに一生責任を取ってもらうわよ。」祖母はうなずいて、自らの提案を撤回しました。私は、喜びの絶頂から失意のどん底へと突き落とされました。

モノは、私たちを幸せにしてくれるでしょうか。哲学者や社会学者、心理学者、さらに神学者も昔からこの問題に取り組んできました。脳神経学者によると、祈りや礼拝、静まりのときなど人が神を近くに感じるときの脳をCTスキャンで見てみると、尾状核と呼ばれる所が光っているそうです。iPodやハーレーダビッドソンのバイク、真っ赤なフェラーリなどの写真を見ている人の脳をCTスキャンで見ても、全く同じ場所が光ることがわかっています。脳からドーパミンという化学物質が放出されるため、モノは一時的な幸福感をもたらすことができます。しかし、長期にわたる満足感や幸福感は与えられないことも、研究結果によって立証されています。

真の幸福や満足できる生活を得るためには、私たちが思うほど多くのお金は必要ありません。かつて作家マルコム・グラッドウェルが「親が理想とする子育てを行うには、どれくらいのお金が必要か」という質問をしています。調査結果によると、確かに最低限度の幸福を確保するにはある程度のお金が必要ですが、ある一定レベルを超えると、いくら収入が上がってもそれほど目立った効果が見られないことがわかりました。例えば、仮にあなたの世帯年収が七万五千ドル（約六百二十四万円）で、隣人の世帯収入が十万ドル（約八百三十二万円）だとします。隣人はあなたより高級な車を運転し、外食する機会が少しだけ多くあるにしても、必ずしも隣人があなたより幸せで、より良い子育てができるとは限りません。グラッドウェルの指摘によると、極端に貧しい場合は子育てに困難が生じる一方、極端に裕福であっても子育てが楽になるわけではありません。貧しい親が「買えない」と言うところを、お金持ちの親は「買わない」と言う程度の差です。

さまざまな経済状況にある人々と接する牧師として、貧困だけが子育てを困難にするのでなく、裕福な家庭にも難しさがあることを知っています。「そのような難しさを経験してみたい」と言う人がいるかもしれません。しかし、とても裕福な家庭の子どもたちは「やってもらって当然」という意識を持ちやすく、人に対する感情移入や思いやりの心を持ちづらいようです。皮肉なことに、モノを通して幸せを追い求めると、慢性的に満足感や幸福感が得られません。しかし、私たちがより簡素な生き方を求め、神により頼むようになると――神が私たちの面倒をみてくださると信頼できると――内側からより深く永続的な幸福感と平安、喜びが養われます。いい洋服や車、家など物質的なものはある程度の喜びを与えてくれますが、それらは最も低いレベルの幸福感にすぎません。最も高いレベルの幸福感は、人生を他の人のために用い、無条件で無限の愛に身をゆだねる次世代育成能力（24ページの訳注参照）から来ます。

イエスの道に従う

イエスの人生は、喜びあふれる簡素さと神への信頼がもたらす理想的な模範と言えます。目に見えない無限の力を持つ神が、天と地の間にあるとばりを分けて血肉を持った人間イエスとして私たちの間に住まわれたと聖書では教えています。イエスは、生まれる前に自分が生まれ育つ生活環境を選ぶことができた歴史上唯一の人です。

もしあなたが生まれる前に自己資産を選べるとしたら、どれくらいに設定しますか。あるいは、魔法の壺からジニーが突然現れて、あなたが望むだけの年収をあげようと言ったとすると、いくつ0を加えますか。私のように、あなたも反射的に「ビル・ゲイツや（フェイスブックの創設者である）マーク・ザッカーバーグが稼いでいるくらいの年収がいい。もちろん、毎年の物価指数の伸びに合わせて調整してね」と注文するかもしれません。

興味深いことにイエスは――この世の誰よりも多くの資産を持つことができたのですが――とても慎ましい生活を選びました。彼は家畜小屋で生まれ、その後すぐに難民となりました。

マリアとヨセフがイエスを宮で捧げるとき、いけにえとして二羽の家鳩を捧げたことから、イエスはイスラエルで最も貧しい階級に属する家族に生まれたことがわかります。ヨセフの職業から、教師となる前にイエスもおそらく大工であっただろうと思われます。しかし「大工」と訳されるギリシャ語のテクトンという言葉は、日雇い労働者とも訳されます。

私が住む街のオンタリオ通りを自転車で通るとき、経済的に厳しい状況下にある男性たちが立っている交差点があります。彼らは、日雇い労働者として建設現場で働く機会を待っているのです。そこを自転車で通り過ぎるとき、彼らの中にイエスの姿を想像するときがあります。イエスがブルーカラーの労働者からホワイトカラーの教師へと仕事を変えたとき、彼の人気を利用して収入を増やすこともできました。しかし、彼は経済的に貧しいままの生活を選び、人生のある時期はホームレスとして生活することを選びました（ルカ九・五八）。

それではなぜ、無限の力を持ち、どのような収入レベルでも選べた神が、大企業のCEOの資産はもとより、堅実な中流階級の資産さえ持たない生き方を選ばれたのでしょう。その理由の一つは、神が貧しい人たちの味方であることをイエスは伝えたかったからです。世界銀行によると、この世に住む七十一パーセントの人たちは一日十ドル以下で生活しています。神は特に心砕かれ、貧しく、権利が剝奪された人たちの近くにいらっしゃいます（詩篇三四・一八）。

イエスがそのような一人となられたことによって、「わたしは貧しい人たちと共にいる」と神はおっしゃっているのです。イエスが経済的な貧しさを選ばれた別の理由は、お金やモノが私たちの心を乱し、神との関係を窒息させる恐れがあるからです（マタイ六・二四）。そうなると、神の愛を受けることや、霊的な生き方ができなくなります。

さらにイエスは、神への信頼を学ぶためにわずかなお金で生きることを選ばれたのではないかと思います。不思議なことに、イエス・キリストは苦しみを通して神への従順を学んだとヘブル人への手紙には書いてあります（五・八）。イエス・キリストは、完全に成熟した人としてこの世に生まれたわけではありませんでした。あなたや私のように食べること、歩くこと、話すこと、読み書きを学び、成長していきました。時間をかけて、彼も日々の必要を神に頼ることを学びました。「私たちの日毎の糧をお与えください」と祈るようイエスが教えたとき、彼自身の祈りを弟子たちに教えたのです。イエスも、父である神に毎日そう祈っておられたからです。

簡素な豊かさを選ぶ

それでは、私たちにとってイエスの足跡に従い、簡素で神により頼むとはどのような生き方

でしょうか。福音書を読むと、イエスは高い収入も自分の家も、この世の贅沢品や便利で快適

なものなど何一つ持っておられませんでした（マタイ八・二〇）。どちらかと言えば、人生の苦

難や逆境ばかりを味わいました。しかし、他の誰よりも彼には喜びがあったと聖書は教えてい

ます。

この喜びはますます深められる神との関係から来ていて、イエスは神の愛を何よりも大切にしていました。神によって養われ、高められる生活に心から満足していたので、イエスは不必要な物を追い求めませんでした。神により深く信頼できるようになり、神の愛を何よりも尊いと感じるとき、この世が知らない不変の喜びと満足感（ヨハネ一四・二七）を発見するようになります。また、必要でないものを求めることがなくなり、代わりに両手を開いて自分に与えられているすべてのものを分かち合うことを望みます。

つい先ごろフィリピンのマニラに向かう飛行機で、思いがけずビジネスクラスにアップグレードしてもらいました。機内で席に着くと、感謝がこみ上げてきました。キャビンアテンダントのマリアは私に挨拶をし、機内食のメニューを手渡してくれました。メニューを見ると、高級レストランにいるような気分になりました。私はすでに夕食を済ませていましたが、牛ヒレ肉のステーキに、エビとパパイヤのサラダは美味しそうです。ここで何も注文しない手はな

い、もう二度とアップグレードされないかもしれないし……と思いました。それで、私はメイン料理の一つを注文しました。

しかし、お腹も空いておらず、二度目の夕食は必要ないと思い直しました。私はマリアを呼んで、メイン料理を注文したけれど、もう夕食を済ませた後でお腹が空いているわけではないことを告げました。彼女に頼んで注文をキャンセルしてもらいました。欲張ってビジネスクラスのサービスを楽しまない手はないと思った反面、マニラで待ち受けているハードスケジュールを考えて、私は寝ることにしました。

満腹なとき、不要な食べ物を欲することはありません。メニューにある料理や洋菓子店に並んでいるお菓子に魅かれることはあっても、食欲が満たされていればむやみに食べ物を求めたりしません。同じように、「神の中に生き、動き、存在している」（使徒一七・二八）ことや、愛情溢れる神のケアを受けていることを知ると、私たちの心は満たされます。不思議な神の備えを経験しているので、とりわけ必要のないものを欲しがったりしません。

高級店が立ち並ぶ通りをある女性と歩いていたとき、その人から「アルマーニのスーツを買ってあげましょう」と言われたことがあります。アルマーニのスーツを着たらどんな気分になるだろうと一瞬興味を持ったものの、そのような高級なスーツは必要ないし、第一自分にはふさわしくないと思いました。それで「お気持ちはありがたいのですが、結構です」とお断りしました。

すると「それでは、新しい腕時計はどう? ロレックスはいい時計よ」と彼女は提案してきました。「確かに、いい時計だと思いますけれど、私はTIMEXの防水時計を持っていて、まだ動いているから大丈夫です。私はおっちょこちょいでよく物をなくすので、そんな高級時計を買ってもらったら、失くしてしまわないかと心配です。お気持ちだけで十分です。」彼女の気持ちはとてもありがたかったのですが、私たちは満足していると、必要のないものを欲しがらなくなります。

キリストのように神により頼む道を歩むために、黙想の祈りや感謝の祈りなど霊的習慣のリズムを持つことは一つの方法であり、それにより私たちは毎日の生活の中で深い満足感と喜び、自信を経験するようになります。週七十時間や八十時間働かなければ、人に後れを取ってしまうのではないかという恐れからも解放されるでしょう。勤勉であることは悪いことではありませんが、健全な動機から働きたいものです。

モノを減らす

持ち物を減らすことも、イエスに倣って生活を簡素化し、より神に信頼することにつながります。イエスは、私たちの想像をはるかに超えるほど天において豊かであられたのにしもべの姿をとられ、彼の貧しさを通して私たちは真に豊かな者になりました（ピリピ二・一〜一二）。モノを減らすことによって、私たちは謙遜な道を歩まれたイエスに従うことができます。

世界中でベストセラーになった『人生がときめく片づけの魔法』の中で、近藤麻理恵はまず所有するすべての服を一箇所に集めてみるように勧めています。次に、それら一つずつを手に取り「これは私にときめきを与えるか」と自問します。ときめきを与えないものは処分するよう提案しています。本や書類、スポーツ用品などあらゆるモノに対しても同様です。彼女はクリスチャンではありませんが、この習慣は本書の中ですでに何度も言及したイグナチオ・ヨロラの「意識の究明」の祈りに似たところがあります。「意識の究明」では、何が自分に喜びや神への感謝の気持ちを与えるかと自問します。私たちはそれらを受け入れ、感謝を捧げます。反対に、フラストレーションや不安、落ち込ませるもの、神との距離を感じさせるものは手放さなければいけません。これまでの常識を覆し、処分するものではなく、残すものを決断するよう彼女はアドバイスしています。持ち物が少なくなると、それらのものにより深い愛着を持つようになると彼女は言います。例えば、数多くの蔵書を抱えていても、すばらしい本がほんの数冊だけだったとしたら、注意力が散漫になるだけです。しかし、大切な本をほんの数冊だけ所有していれば、それらの本からより多くの益を得るでしょう。

私の教会には、実にさまざまな人種と経済レベルの人々が集っています。日々の食べ物にも窮する家庭を訪問すると、モノを処分することが難しいようで、彼らの家は雑然と多くのものが散在している場合が多いように感じます。一方、金銭的に不安がない人たちの家はスッキリと片付いていることが多いようです。将来の必要に対して、特に物質面に関して、彼らはあまり恐れを感じていません。必要なものはすべて神が必ず供給してくださると信じることができれば、収入にかかわりなく、私たちは将来に対して満足感と自信を持って生きることができます。より簡単にモノを手放せるようにもなります。友人のマイクが、妻ダナエと大掃除をしたときの様子を話してくれました。

まずクローゼットから始めて、一つずつ処分していきました。私が次々とシャツを処分すると、「本当にいらないの?」とダナエが念を押します。「ああ、一年もこのシャツを着てないから。」そのシャツを手にしながら、ダナエも認めます。「そうね、着てないわね。」「これはどう?」十八歳のときに買ってもらったスーツを引っ張り出して、聞きました。「そんなスーツ、お目にかかったこともないわ」とダナエは笑います。「一体どこに隠していたの?」それも、処分する山に加えます。

「この靴は?」一年以上履いていないビジネスシューズを持ち上げます。「いらないわね」とダナエ。

すべてを検討した結果、シャツ十枚、ジーンズ二本、ビジネスシューズ一足、新品同様のスーツ一着、もう二度と袖を通すことがないであろうTシャツの山を処分することにしました。

以前は生活の中でモノが増えることは、少しずつ豊かになっている証拠だと思っていましたが、今ではそれらは浴槽の排水溝にへばりついた髪の毛や石鹸カスと同じだと感じています。シャワーを浴びているとき、お湯が流れなくなって初めてそのことに気づくのです。

モノを処分して、マイクは「自由になった気がする」と言います。マイクとダナエは、持ち物を簡素化したことで喜びを経験しました。モノで溢れる重荷から解放されて気分も軽くなり、より多くの自由と開放感(spaciousness)を享受するようになりました。生活を簡素化するとき、文字通りより広いスペースを持つようになり、霊的にも豊かないのちを経験します。その豊かさの中から(エペソ三・一四〜一九)、私たちは豊かに与える道を選ぶことができます。実際〝達成を求めるアダム〟の上昇志向と〝魂を求めるアダム〟の仕える精神の両方を満たすには、単に自分自身を豊かにしたりエゴを満たすためだけでなく、他の人を祝福するために何かを作り出すことがベストです。そのための最も実際的な方法の一つが、与えることです。

豊かに与える道を選ぶ

近年、社会学者によって幸福について多くの研究がなされています。その中の予想外の発見の一つは、私たちを幸せにすると信じられてきたものが実はそうではないということです。ハーバード大学の心理学者ダニエル・ギルバードによると、宝くじに当たった人は当初幸せの絶頂を味わいます。しかし、一年後には新しい環境に適応し、宝くじに当たらなかった人と比べてとりわけ幸せだとは感じません(別の調査では、事故で手足が不自由になった人たちは当初大変不幸だと感じますが、事故からわずか一か月ほど経つと、ほとんどの人はそれほど不幸だと感じないこともわかっています)。

しかし、実際長期間にわたって私たちに幸福感を与えるものがあることを心理学者は指摘しています。その一つが、自分のエネルギーやお金を自分より偉大なものに捧げることです。はじめのうちは義務感から始める人もいると思いますが、より偉大な目的のために貢献するうちに、私たちは大いなる喜びを発見するようになります。神への信頼、謙遜で簡素な生き方、そして豊かに与えることなどを学ぶうちに、神や人との関係において蓄積してきた無駄なものも取り除くことができます。自分が情熱を持つことに対して、さらに豊かに投資することもできます。逆説的に聞こえるかもしれませんが、永続する幸福感は得ることによってではなく、与えることによってもたらされます。自分自身と自分の持てるものを与えて、人を祝福するときに――。

シェーン・クレイボーンは、インドのコルカタでマザーテレサの神の愛の宣教者会と共に働いたとき、この種の幸福感を経験しました。彼らはストリートチルドレンのために定期的に路上パーティーを開いていましたが、特に親しくなった一人の子どもの誕生日を祝ってあげたときのことを私たちの教会で証ししてくれました。気温が三十七度ほどあったため、彼はその男の子のためにソフトクリームをあげたいと思いました。シェーンは、当時の様子をこう振り返ります。

彼はソフトクリームを眺めると興奮のあまり体を震わせたので、今までにソフトクリームを食べたことがなかったのではないかと思います。でも、こう直感したのでしょう。「これは、自分一人で食べるにはもったいない。」そこで、彼はすぐに他の子どもたちに叫びました。「僕たちはアイスクリームをもらったよ！　みんな、ひと舐めできるよ。」彼らを一列に並べて、一人ずつにこう言いました。「君の番だよ。次は君。」それから一周して私のところに戻って来て、彼はこう言いました。「シェーン、あなたもひと舐めどうぞ。」みんなの唾が気になって、私は舐めたふりをして言いました。「ああ、すごくおいしい。」

それにしても、この子は人生の秘訣を知っていると思いました。人生で一番大切なものは、与えるのが一番だということを。

コルカタに住むシェーンの幼い友人は、イエスのことばを聞いたことがなくても、彼の短い人生の中からイエスが教えた真実を理解していました。いのちは、与えることによって得る――。私たちも、ソフトクリームやお気に入りのアートや家具、あるいは車をあげたいという気持ちに駆られることがあるでしょう。修道士が修道院に入るときのように、すべてのものを捧げたいという気持ちになるかもしれません。

ジョン・ペドレイは成功した裕福なビジネスマンで、以前は高級車を乗り回し、高級リゾートでのバケーション、アルコールやドラッグ、女性関係も欲しいものは手当たり次第手に入れる派手な生活をしていました。彼は、自分の人生を「完全に自己中心的だった」と表現します。誰もが夢見るような生活を送っていたにもかかわらず、彼は「まだ満足できず、何かが欠けている」ように感じていました。彼が何かに苛立っている様子に気づいた運転手は、近所の教会に出席してみるように勧めました。ペドレイは、こう振り返ります。「これまで見てきたものの中で、教会は全く違ったものだった。……そこに来ている人たちに、自信のようなものを感じた。私は彼らよりお金を持っているし、いい車を運転し、多くの場所に旅行し、多くのことを経験しているのは確かだ。でも、彼らには私より平安がある。」ペドレイは、信仰を学ぶためにアルファのクラスを取りました。「クリスチャンになることだけは、どうしても避けたかった」と彼は笑います。しかし、キリストに自分の人生を明け渡します。一週間後、当時六歳だった息子に会うと、彼の手を取って言いました。「お父さん、新しくなっておめでとう。」「どういう意味だ?」と問いただすと、息子は答えました。「お父さんは、全く別人みたい!」

ペドレイは、神の働きのために収入の十五パーセントを捧げ始めました。しかし、他にももっとできることがあるように感じていました。彼はウガンダへの宣教旅行に参加し、そこで目にした貧困と犠牲の伴った捧げ物の両方に圧倒されてしまいます。そこで奉仕を始めてわずか数日後、彼の働きに感謝した地元の人から一袋のジャガイモが贈られました。それは、彼らにとっては大金にも等しい贈り物です。彼は、イギリスから依存症と自己嫌悪の悪循環に陥っている子どもたちをここに連れてくるよう神が示しておられるように感じました。ひと月アフリカに来るだけでも、彼らの人生が変わるような宣教旅行になると思いました。

ペドレイは、所有するすべての物を売りに出しました。美しい庭を持つ十六世紀に建てられた牧歌的な農場の家、成功を収めているコンサルタントとマーケティングの会社、最高級車のレンジローバーに至るまですべてです。それらの物と引き換えに、ウガンダの田舎で彼は泥で作られた伝統的な小屋に住み、極貧の人たちを助けるミッションをスタートさせました。医療施設と飲み水、より良い学校を提供しました。同時に、そのミッションに参加した何百人ものイギリスの若者たちの心も変えられました。「私はお金を追い求めることをやめ、愛する神と神が最も愛する人々――物質的に貧しいウガンダの人々と、私たちがここに連れてきた霊的に貧しいイギリスの若者たち――のために仕え始めた。今の気分は、最高だよ！」キリストとの関係を通して深い満足感を得られるようになると、ジョン・ペドレイは喜びをもって豊かに与えるようになりました。インドの少年のように、彼もイエスが説いた逆説に生きています。日々神と人々に仕えるため、失うことによっていのちを見出したのでした。

ジョン・ペドレイのように、文字通りすべてを与えるように導かれないかもしれませんが、キリストが私たちの心の内でしてくださったことに満足するとき、私たちも自分ができる最善を神と人々のために喜んで捧げるようになるでしょう。

与えても失うものは何もない

すでにお話ししたように、私がバンクーバーの中心部にあるテンス教会の牧師になった当初、教会は二十年間で二十人の牧師が入れ替わっていました。礼拝出席者は、最盛期の一九五〇年代の千人強から百人ほどまでに縮小していました。多くの教会がミニストリーを行いやすい郊外を好んで中心部から撤退する中、何人かの役員は都心に留まるにはお金がかかりすぎるから、うちの教会には無理だと私に忠告しました。一九三八年に建てられた旧礼拝堂は閉鎖を余儀なくされるほど老朽化が進み、教会のリーダーたちはここに留まるべきか、あるいはこの土地を売って、都心から離れた地価の安い所に移るべきかと議論しました。

祈りをもって神の判断を仰いだ結果、私たちの未来をこの都市部に賭け、今ある場所で教会を改築することを決断しました。バンクーバーは二〇一〇年冬季オリンピックの開催地に選ばれたために建築費用は高騰し、建築予算は二百三十万ドル（約一億九千万円）から四百万ドル（約三億三千万円）に跳ね上がりました。この地に留まるように召されていることを信じて、私たちは教会員に豊かに捧げるよう招きました。私たちは当時結婚したばかりで、毎月家計のやりくりだけでも大変でした。台所のテーブルに置いてあった請求書を見て「これ、どうやって払えばいいの？」と妻の早基子が聞いてきたことを思い出します。それを支払えるだけの預金がなかったからです。

しかし、金銭的に苦しかった中でも、私たちは毎月の什一献金の他に年収の半分に相当する献金を捧げることにしました。正直なところ、かなり厳しいと感じましたが。三年間の会堂献金の終わりには、目標額に達しただけでなく、それを超える額が与えられました。喜びをもって犠牲の伴う捧げ物をしてくれた多くの教会員と共に、私たちは感謝と喜びに溢れました。教会堂を改築して現在の場所に留まることができ、さらに今では市内の異なる二つの場所でも、礼拝を持つことができました（訳注＝二〇一九年現在、市内の四か所で七回の礼拝を持っています）。

生活を簡素にして豊かに与える生き方を選ぶことは、果たして賢明かと疑問に思う人がいるかもしれません。例えば、ジョン・ペドレイが神の宣教のために会社と農場を売ったことは分別のない行為だと批判されました。私の献金の習慣についても、思慮に欠くのではないかと善意をもって指摘する人もいます。会計士の人たちは、心から私のためを思い、献金や寄付をあまりしすぎないようにと私に忠告してきます。それ以上与えても節税にならないからです。

しかし、霊の世界では、豊かに与えることで決して不利になることはありません。論理的には筋が通らなくても、神学的には理にかなっているのです。私の経験から言っても、また聖書が繰り返し教えているように、神は忠実なお方だからです。忠実な神が愛をもって私たちの必要を必要なときに満たしてくださることを何度も経験し、神を信頼するとき、私たちの人生は永続する平安と感謝な気持ち、そして神にあって満足感溢れる喜びで祝福されるでしょう。

ある程度の預金は分別ある行為だと思いますが（結局のところ、私は日本人です！）将来のために貯め込む必要はないとも信じています。それより、我が家でこの年はいくら必要かと祈り深く決断し、後のお金は与えるようにしています。私が初めて書いた本の出版が決まったとき、コーヒーショップで親しい友人にそのことを伝え、本の売上や印税のすべてをワールド・ビジョンや貧しい国の子どもたちを助ける団体に寄付する契約を交わす予定だと告げました。

その友人は私に顔を近づけて、囁きました。「でも、その本がベストセラーになったらどうする気だ？」

「それはないと思うよ。人知れず修道院で行われてきた生活のルールに関する本だから」と私は説明しました。

「わからないぞ。……そのことを後悔するかもしれないよ。」

その本は本当に世界的にベストセラーになったのですが、私は後悔していません。現在、私たちは二つの団体に数十万ドル（数千万円）相当の寄付をすることができました。

それができたことを私は嬉しく思っています。今あなたが手にしているこの本の収益金すべても、貧しい国の子どもたちを助ける働きのために用いられます。

私が得た収益をすべて宣教に用いたからといって、失ったものは何もありません。実際のところ、そのお金はより多くの人のために役に立ち、私の必要も満たされているのですから、私はそのお金から生み出された価値を得ていることになります。私の場合は弱い立場にいる子どもたちを助けることに心が向いていますが、あなたは人身売買の廃止、女性に対する暴力をなくすこと、環境保護に情熱を持っているかもしれません。あなたにとって一番の、そして永続する幸せは、モノを所有することや金銭面での安心から来るわけではありません。それはあなた自身よりも偉大なものに、あなたの時間や才能、宝を捧げるところから来ます。この冒険的な人生を生きるとき、イエスのように自分の必要のために神に頼ることを学び、思いやりの心をもって貧しい人々の必要を知るようになるでしょう。しかし、神の世界では、あなたは自分の優位な立場を放棄しているわけではありません。イエスが明確に教えられたように、もし私たちがまず神を求めるなら、私たちに必要なものすべてとそれ以上のものも、この人生と来たる人生の両方で与えられるからです（マタイ六・三三）。

あなたが神に満足し、神の忠実さに信頼することができるように、そしてあなたの人生を神に賭けてもまちがいはないと知ることができるようにお祈りしています。それこそが偉大な生き方であり、一番すばらしい死に方です。ハイデルベルク信仰問答には、次のような言葉があります。「いのちと死において我々の唯一真の望みは、イエス・キリストである。」

†内省とディスカッションのために

一　イエスを知ると、どのように生活をより簡素にしたいと思うようになりますか。

二　感謝の心と簡素な生活を送ることとは、どのような関係がありますか。

三　もし、生活を簡素にすることに恐れがあるとすれば、それはどのような恐れですか。

四　あなたの家にあるものの中で（洋服、本、スポーツ用品など）去年一度も使わなかったものを十個ほど挙げてみてください。それらを寄付することに対して、どのように感じますか。

五　より簡素な生活から与えられる賜物とは、何でしょうか。

六　いのちを失うことによってそれを見出すというイエスの逆説的な教えを経験したことがありますか。もしあれば、その経験を説明してください。

七　簡素な生活を送ることで、あなたはどのように人々を祝福できると思いますか。

《祈り》主よ、私を欠乏感から解放してください。あなたから与えられたもので私が満足できるように助けてください。私の内で、隣人に対して豊かに与える霊を成長させてください。他の人の益を求め、私が行うすべてのことにおいてあなたの御名があがめられますように。アーメン。

第八章　しもべの心——自らを注ぎ出して人々に仕える

あなたがたの間で偉くなりたいと思う者は、皆に仕える者になりなさい。

（マタイ二〇・二六）

大学で私は経済を専攻し、卒業後は会社で働く予定でした。しかし、頭の片隅で牧師か宣教師として献身に導かれるかもしれないという思いもありました。そのため、大学一年生のとき世界的に有名な伝道者ビリー・グラハムがキャンパスにやって来ると耳にすると、私は彼の話を聞きに行きました。講演の後、彼に直接会おうと講堂に向かって歩いている途中、彼との出会いがいつの日か私を助けてくれるかもしれないという期待すら持ちました。私は短い会話を交わしながらビリー・グラハムと握手をし、クラスに向かいました。たった今、自分はビリー・グラハムに会ったんだと感激しながら。

大学卒業後、私は二年ほど企業で働きました。しかし、献身の思いが強くなって神学校で学位を取った後、ロサンゼルスに引っ越して開拓伝道を始めます。そこの教会で、一人の若い弁護士に出会いました。ある日「VPと一緒にランチはどうですか？」と彼が聞いてきました。「どこのVP？」（訳注＝VPつまりvice presidentには副社長と副大統領の両方の意味があります）と聞き返すと、「アメリカの副大統領です。アル・ゴア副大統領」という答えが返ってきました（彼は以前、ホワイトハウスでゴアのもとでインターンをしていました）。予期せず、私は当時大統領選挙に出馬予定だったゴア元副大統領と会うことができました。〝達成を求めるアダム〟を持つ上昇志向の強い若者の一人として、当時私はアドバイスをくれたり、自分のために未来の扉を開いてくれそうな強い影響力を持つリーダーに会いたいと思っていました。仕事やミニストリーを初めた頃は「重要なのはあなたが何を知っているかではなく、誰を知っているかだ」と信じて行動していました。

しかし、真に偉大なことは社会の頂点に向かって昇り詰めることではなく、謙遜に身を低くしてしもべの立場を取ることだというイエスの教えによって、私の価値観は時とともに逆転していきます。イエスは、その模範を十字架にかかる前の夜に示しました。詩人ジョン・ダンが

「この世の最後の夜」と呼ぶ日に、過越の食事をするためイエスはごく親しい弟子たちをエルサレムの二階の大広間に集めました。「イエスは、この世を去って父のみもとに行く、ご自分の時が来たことを知っておられ」（ヨハネ一三・一）、翌日十字架にかけられました。その最後の夜、死が間近に迫る中でイエスは最も大切なことを明らかにされました。それは、仕えることです。

弟子たちは三年間もイエスと一緒に過ごしましたが、イエスのミッションの真の意味をよく理解していませんでした。前の週の日曜日、イエスはろばの子に乗ってエルサレムに入られると、大勢の人々が道を取り囲みました。ダビデのような偉大な王を通して神は彼らを救ってくださると信じ、「ダビデの子にホサナ」と叫びました。今日でも、アメリカにおいてカリスマ性を持つ前途有望な政治家が大統領候補として指名されたとき、同様の光景が見られます。

王やメシアとして権力に昇り詰めるまで、イエスが人気を保っていることを弟子たちは望んでいました。イエスの内閣における地位を画策したり、最もパワフルで名誉ある役職には誰が就くのかと論争しながら空想にふけっていました（ルカ二二・二四）。ですから、過越の祭の食事をイエスと共にした夜、彼らの足を洗うしもべがいなかったときの弟子たちの困惑ぶりは想像に難くありません。

その重要性を理解するために、古代パレスチナ地方の道はもちろん舗装されておらず、人々が裸足やサンダルで歩くと足がかなり汚れることを頭に入れておいてください。ロバや野良犬、他の動物たちも同じ道を歩いていました。さらに、古代パレスチナの家には現代のようなトイレがなかったために、人々は道で用を足していました。そのため、道ゆく人々の足は動物や人の排泄物で汚れます。足を洗うことは必須であり、それは卑しい仕事と見なされていたために、ユダヤ人の家では異邦人の奴隷や女性、子どもがしていました。通常食事に呼んだ主人が、客の足を洗うための奴隷を雇っていました。

夕食が進む中で、弟子たちが「先生」と呼ぶイエスが突然上着を脱ぎ、手ぬぐいを腰に巻きました。たらいに水を入れて弟子たちの足を洗い、手ぬぐいでふき始めました（ヨハネ一三・五）。皆の者は驚き、ペテロは「決して私の足を洗わないでください」（八節）と叫びました。イエスの行為は前代未聞でした——古代のラビがかがんで弟子たちの足を洗ったという記録は残っていません。実際、そのような行為はユダヤ人の浄めのしきたりによると「汚れたもの」とされていたため、許されるものではありませんでした。

このショッキングな話を現代版に置き換えてみると、こんな感じになります。あなたが心から尊敬する作家、先生、あるいは芸能人がスピーチをするためにあなたの街に来たとします。

友人が、その講演のための最前列の席をあなたのために用意してくれました。スピーチの後、あなたは憧れの人に直接会う機会が与えられ「私はあなたの大ファンです」と言います。憧れの人は尋ねます。「私の作品で何が好きですか?」

あなたはかなり緊張してしまいますが、なぜか頭がよく回転してその人の作品がどれほど自分に大きな影響を与えたか、明確にそして雄弁に表現することができました。

するとそのセレブはこう言います。「この街のいいホテルで予約もしていますが、もう何週間も講演旅行をしていて、レストランでの食事も飽きたところです。無理にとは言いませんが、この街を離れる前にあなたの家で一緒に食事ができないでしょうか。」これは夢かと思いながらも、あなたは返事します。「それでは、明日の夜はどうでしょうか?」

あなたは、セレブに紹介しても恥ずかしくない友人も家に呼びます。予定の時間が来ると主賓が到着し、皆は夕食の準備が整うまで前菜とワインを楽しみます。ゲストをそれぞれの席に案内していると、主賓であるセレブが言葉を挟みます。「食事を始める前に、あなたにしてあげたいことがあります。」一瞬気まずい雰囲気になった後、そのセレブはこう続けます。「トイレを私に掃除させてください。」

そのときテーブルについていたあなたや他の人たちの困惑ぶりを想像できたら、イエスが彼らの足を洗い始めたときの弟子たちの気持ちが理解できるでしょう。「決して私の足を洗わないでください」とペテロが叫んだのも無理もありません。

イエスは人の肉体を持った神だった（ヨハネ一・一、一四）と聖書には書いてあり、彼の後にも先にもイエスのような真の偉大さを具体的に表した人は誰もいません。歴史上最も偉大な人物は、謙遜にも周りの人々に仕えることによって神の真のご性質を表されました。ピリピ人への手紙二章には、イエスは神のご性質を持っておられたにもかかわらず、ご自分に有利となるように神としての地位を用いることはなかったと書いてあります。その代わりに、ご自分を注ぎだして人々に仕えました。ある翻訳ではこのギリシャ語を「ご自分を空しくして」と訳していますが、最も正確な訳では水を注ぎ出すようにイエスは「ご自分を注ぎ出して」と訳し、人々に仕えたことが強調されています。これが、生ける神の真髄を表すイメージです。古代のこの世の神々は、気まぐれで復讐心を持ち、利己的なところがありますが、この宇宙における唯一真の神は――イエス・キリストの中に私たちが見る神は――仕えるお方です。

イエスはご自分の力を放棄したと語る説教者もいますが、ご自分にいかに力があるかを知っていたからこそ、イエスは仕えることができたと言った方が正しいでしょう。ヨハネの福音書によると、父がすべてのものを彼のもとに置き、彼は神から来て神のもとに戻ることを知っていたと書いてあります。それゆえ彼が愛した人々の足を洗うことによって、最後までへりくだることができたのです（ヨハネ一三・一）。父から愛され、大切にされていることを知っていたので、イエスはその部屋で最も重要な人物としての特権——力ではなく——を放棄することができました。その夜弟子たちに仕えた行為の中に、翌日私たちのために十字架でご自分のいのちを捧げるという、さらに偉大な形でこの世全体に仕えることが予兆されています。イエスが私たちの罪と恥を負うことにより、私たちは罪の赦しを経験し、今この時と後に来る世においても豊かないのちを受けることができるのです。

隠れた所での謙遜な奉仕

自分に自信がなく不安を抱える人は、実際の自分よりも良く見せようとして大きな態度や自慢話をしたがる傾向があります。しかし、心に不安もなく、愛され、大切にされていると感じるとき——自分が誰のものであるかを知っているとき——謙遜と寛大な心をもって人々に仕えたいと思うようになります。霊性を説く古典『スピリチュアリティ　成長への道』の中で、リチャード・フォスターはこう書いています。「他の何にも増し、謙遜さは奉仕を通して私たちのいのちの中に組み込まれます。……奉仕ほど過度な肉の欲求を自制するものはなく、隠れた所で行うほど肉の欲求を変える力があります。奉仕に対して私たちの肉は愚痴をこぼす程度ですが、隠れた所での奉仕には叫び声をあげます。名誉や人から認められることが、肉の欲求だからです。」

『ならず者の福音』の著者故ブレナン・マニングは心に不安を抱え、アルコール依存症に苦しんでいた時期がありましたが、神から深く愛されていることを知るようになりました。同時に、謙遜な奉仕の力も知るに至りました。ある日、アトランタ空港で乗り継ぎ便を待っている間、靴磨きを頼みました。靴磨きはたいてい、黒人男性が白人男性の靴を磨きます。年老いた黒人男性がブレナンの靴を磨き始めたとき、彼に料金とチップを支払った後、立場を変えてみたいという思いが与えられました。

靴磨きが終わると、彼は立ち上がりながら言いました。「さあ今度は、私があなたの靴を磨きましょう。」その黒人男性はたじろいで後退りしました。「今、なんておっしゃいました?」「あなたの靴を磨きたいんだ。させてもらえますか? ここに座ってください。どのように仕上げましょうか。」黒人男性の目から涙が溢れました。「私にそのようなことを言ってくれた白人男性は、誰もいません。」ブレナンには成功した白人男性としての特権を放棄して、貧しい黒人男性に仕える力が与えられていました。それはアルコール依存症に苦しんだ経験から、恥や不安な気持ちを理解していただけでなく、神から愛されているという驚くべき力を知っていたからです。

カトリック労働者運動の創始者ドロシー・デイの人生においても、謙遜に仕えることの力を見ることができます。デイは、性的にも奔放な女性でボヘミアン的な若い作家として一九二〇年代ニューヨーク市で活動を始めました。女の赤ちゃんを産んだ後——この経験は彼女を畏敬の念と感謝で満たしました——彼女はキリスト教に回心しました。次第に彼女は、女性や労働者の権利など社会正義のための擁護者として高く評価されるようになりました。その時代としては異例の十五万部を誇った「カトリック・ウォーカー」という影響力を持つ新聞も創設しています。

驚くばかりの才能と創造力に恵まれたデイでしたが、彼女はほぼ毎日貧しい人々や知的障害者たちにパンとスープを配る施設で過ごしていました。ホームレスの施設を訪問して居心地の良い家に帰るという生活パターンではなく、彼女自らそれらの施設で生活していました。多くの人がデイの働きを称賛するようになったので、自分が独善的になるきらいがあることやうぬぼれる危険性があらゆる所に潜んでいることを肝に銘じていました。彼女を虚栄心から守ってくれたことの一つに、日々行っていた謙遜な奉仕が挙げられます。デイは貧しい人々を愛していましたが、作家としての性分からか人とは距離を置くタイプで、よく独りになるときを求めました。しかし、毎日ほぼ一日中、彼女は知的障害者やアルコール依存症の人たちと共に過ごすように心がけていました。施設にやって来る人たちの中には粗野で無礼な人もいましたが、たとえその人が酔っ払って話のつじつまが合わなくても、テーブルをはさんで座っている人に敬意を表しながら耳を傾けました。自叙伝『長い孤独』がベストセラーになり急に有名になっても、彼女は愛に根ざした謙遜な奉仕活動を通して謙虚で居続けることができました。

隠れた所で謙遜な奉仕を行うと、虚栄心やエリート意識、傲慢な態度を避けることができます。洞察力に溢れる著書『遊ぶ神——賜物の力を取り戻す』の中で、クリスチャン・ジャーナリストのアンディー・クラウチは、月六、七回に及ぶ出張について書いています。家を出る直前まで、彼はミーティングやスピーチの準備に追われることがしょっちゅうだと言います。そのようなときに家事をするなんて、普通頭に浮かびません。しかし、彼が特別待遇——彼の業績を大げさに伝える紹介や社交辞令的な賞賛の拍手、新旧の友人との外食など——を受けている間にも、台所ではお皿が積み上げられているのです。ですから、空港に向かう直前まで、彼はすべての洗い物をすることにしています。時には、家の前でタクシーを待たせながら。「昨夜の、いや正直に言うと先週の夕食のお皿を洗うより、講演原稿やプレゼンテーションのスライドに手を加えたいという思いに駆られることがよくある」と、彼は思い起こします。

正直、このような形で家族に仕えることを後悔したことは一度もありません。反対に、焦る気持ちからシンクいっぱいのお皿を残していったときは、自分の神への信頼がいかになく、家族への愛情がいかに少ないかを思い知らされて、後悔の念に駆られます。

アンディーのように、私もよく出張に出ます。私は片付け物が苦手ですが、家族のために少しでも家をきれいにしておくよう心がけています（この箇所を妻が読むと、苦笑するでしょう）。しかし、ホテルに泊まるときは、独身に戻ったかのように整理整頓の概念が抜け落ちてしまいます。部屋に戻ると、ジャケットや服はソファーの上に放り投げ、本や講演原稿をデスクの上に広げます。

しかし、チェックアウトの時間が近づき、すべての持ち物をバッグに詰め込んだ後、私はすばやく部屋をきれいにします。浴槽を拭き、使用済みのタオルはバスルームにまとめて置き、キッチンのカウンターはスポンジで洗い流し、動かした家具は元に戻します。

ハウスキーピングをしてくれる女性はとても忙しく、おそらくストレスの多い毎日を送っていることでしょう。ですから、私の部屋がその日担当する部屋の中で一番簡単であるようにと願っています。このようなささやかな行動が、自分が仕える者であることを思い起こさせてくれます。

十字架の形をした人生

私の教会員で、医師であり医療研究者でもあるルツ・マーティンが初めて刑務所内の診療所で働く話を打診されたとき、抵抗感を覚えたそうです。そのような仕事は、医師として最も権威が低いと感じたからです。しかし、実際にある刑務所内の診療所を訪れると、それが天職だと感じました。それ以来、彼女は女性受刑者の健康を守る勇気ある擁護者となりました。母子が絆を築くことが、子どもの将来にいかに大きな影響力を持つかを立証する医学的な証拠を集め、彼女は受刑者に生まれた赤ちゃんが母親と健全な愛着関係を形成できるよう一緒に居られるようにしました。

彼女が助けている女性の約半数はカナダの先住民族で、ほとんどの人はアルコールやドラッグの依存症に苦しんでいます。依存症は本人の無責任な選択によるものと、私たちのほとんどは想像しがちです。しかし、ルツが女性たちの過去――子どもやティーンエイジャー、あるいは大人になってから受けた身体的や性的な虐待——の話を聞くうちに、「私はペンを置き、ただ耳を傾けます。もし私が同じ境遇にあったとしたら、私が彼女たちの椅子に座っていただろうと思います。話をしてくれる女性の近くにティッシュの箱を置くのですが、私の手にも届く距離に置くようにしています」と彼女は言います。

カナダの少女や女性の平等に多大な貢献をしたと認められて贈られたカナダ総督賞（カナダの民間人として最も栄誉ある賞）の受賞スピーチで、彼女はこう話しました。「このような賞に私を選んでくださって、謙遜な気持ちになります。……」謙遜という言葉は社交辞令に聞こえるかもしれませんが、ルツにとってその言葉は口先だけのものではありません。自分で決めることができない環境——生まれた家庭、育ったコミュニティー、高等教育を受ける機会、その他さまざまな要素——が整っていなければ、彼女はそのような恵まれた人生を送ることができなかったでしょう。

苦しんでいる人に触れる機会が与えられると——仕事やボランティア、宣教旅行、障害がある家族の世話をすることなどを通して——自らの人生を別の角度から見られるようになります。自分の人生は、ある意味宝くじに当たったような恩恵にあずかっていることに気づかされます。そのような啓発を与える経験は、人生をフルに生かしたいという〝達成を求めるアダム〟的な情熱とともに、人々に仕え、すべての賜物を与えてくださる主を崇めたいという〝魂を求めるアダム〟的な感謝と謙遜な心も満たしてくれます。

去年の夏、一五九七年二月五日キリスト教信仰のために二十六人もの日本人が十字架にかけられて殉教した長崎の地を訪れました。彼らは一か月かけて京都から長崎までの千キロ近い道のりを歩かされました。彼らが十字架にかけられる丘に到着したとき、ひとりの者には十字架が与えられていませんでした。彼がわずか十二歳だったからです。その子が「僕の十字架はどこ?」と聞いたため、彼は二十六人目の殉教者となりました。

イエス・キリストに従うとき、人生が豊かに開花するかもしれません。しかし、イエスの道は文字通りにも比喩的にも、十字架によって象られていることを決して忘れてはいけません。ある神学者が言うように、私たちは十字架の形（cruciform）をした人生を歩むように求められています。もちろんそれは、私たちすべてが二十六人の日本人殉教者や二〇一五年二月にリビアで殉教したエジプト人たちのように、殉教の死を遂げることを意味しているわけではありません。しかし、もし私たちも彼の弟子になりたいのなら、日々十字架を負って従うようにとイエスは教えられました。

あの十二歳の男の子と同様に、私たちも「私の十字架はどこですか」と聞くように召されています。どのようにして、私たちは人々のために自分のいのちを捧げることができるでしょうか。日々謙遜に人々に仕えることを選ぶとき、私たちは自分の十字架を取り、イエスの道に従っているのです。

あなたにとって、イエスの十字架を負うこととはどのようなことを意味していますか。それはまず、あなたが神に愛されている者であることを思い起こした上で、病気の友達や子ども、年老いた親や祖父母、あるいはスモールグループのメンバーを助けることかもしれません。食べ物に困っている人や悲しんでいる人、孤独な人に食事を届けること、重荷を背負っている人の話を聞くこと、あなたの街のホームレス施設で世話をすることかもしれません。イエスをモデルとした真の偉大さは、ビリー・グラハムやアメリカ合衆国の副大統領と知り合いになることからではなく、自らの特権を棄てて人々に仕えるところから来ます。イエスのように天の父から愛され、自分がどこから来てどこへ行くのかを知っていれば、神の御国で真に偉大な人生を生きることができます。そこで私たちは謙遜に互いに仕え合い、この世をしもべの心を持つ王の価値観を反映した場所にしていくのです。

†内省とディスカッションのために

一　神から与えられた力を知ると、どのように私たちを仕える者に変えますか。

二　仕えることは、どのように謙虚さを養いますか。

三　ルツ・マーティンのように、自分の境遇は「宝くじ」に当たったようなものだと感じたことがありますか。もしそうなら、それはあなたの生き方にどのような変化を与えますか。

四　あなたが十字架の形をした人生を送るために、神はどのような招きを与えておられますか。

《祈り》イエスさま、あなたは道であり、真理であり、いのちです。あなたは心を尽くし、思いを尽くし、力を尽くしてあなたを愛するように、そして自分自身のように隣人を愛するようにと私を召しておられます。あなたの愛で満たされることで、私がこの召しをしっかりと受け止めることができるように助けてください。十字架で示されたあなたの謙遜さと自己犠牲が、人々に仕える力を私に与えてくださいますように。

第九章　友情——励まし合う力

この世において忠実な友ほど尊いものはなく、その美徳は計り得ない。忠実な友は頼れる避難所であり、要塞で守られた宮殿である。……これこそ、明らかに神から与えられた身にあまる真の賜物である。

ニュッサのグレゴリオス

東京のソニーで働いていた二十代初めに、友人と彼の叔父さんが一緒にクリスマスイブを祝おうと私を誘ってくれたことがありました。その叔父さんは暴力団員で、いわゆるヤクザでした。叔父さんをクリスマスイブ礼拝に誘って、クリスチャンになってもらいたいと考え、私は彼らの誘いに同意しました。
その人に初めて会ったとき、すぐに彼の小指が半分ないことに気がつきました。ヤクザが何か失敗を犯すと、指を失ってしまうと私は聞いていました。失敗ばかりしていると、何本も指を失ってしまうことになります。しかし、交通渋滞に巻き込まれたとき、一、二本指がない手を窓から出すと、まるでサイレンを鳴らして疾走する救急車のごとく他の車は道を開けてくれるとも聞いています。その叔父さんにはひときわ魅力的なガールフレンドがいて、東西を問わずどうしてギャングの人たちはきれいな女性からモテるのだろうと不思議に思いました。彼はとても豪快な人でユーモアのセンスもあり、私たちにご馳走をおごってくれました。

その夜時間が経つにつれ、私は彼のライフスタイルに感心するようになり、将来ヤクザの人からの助けが必要になったときのために、彼の電話番号を教えてもらった方がいいかなと思うようになりました。何か困った目に会ったら、映画『ゴッドファーザー』の中の有名なセリフ「魚と一緒に眠ってもらおう」（訳注＝荷揚げされた魚が氷漬けにされるように、あなたは殺されて棺に入るという意味）というような言葉を彼なら言ってくれると思いました。もともとは、私が彼にいい影響を与えたいと思っていました。夜遅くに行われていたクリスマスイブ礼拝にも来てくれましたが、彼は回心しませんでした――彼に影響を与えるどころか、私の方が彼からもっと影響を受けてしまいました。

感謝なことに、当時私に影響を与えたのは彼だけではありませんでした。東京に居た頃、以前では考えられないほどのお金を私は稼いでいました。私は独身で、幅広くいろいろな人たちと付き合っていました。中には暗に「一夜を共にしてもいい」と伝える女性もいました。しかし、私はキリストに忠実な人生を送りたいと思っていたので、神の教えを守りたいと願うクリスチャンたちと時間を過ごすようになりました。時間があれば、散歩がてらにお金やセックスに関する誘惑についても話しました。神の御前で忠実でありたいと願う若者が共に時間を過ごすだけでも、互いに清い道を求める助けになりました。しかし、もしヤクザの人たちや誰彼なしに寝ることがかっこいいと思っている人たちと多くの時間を過ごしていたなら、私自身も別の方向に進むよう影響されていたでしょう。誰と時間を過ごすか――そして誰と友達になるか――は、想像以上に私たちに影響を与えます。

影響を与える友情

人は、互いに似る傾向があることが科学的に証明されています。脳にはミラーニューロンと呼ばれる特別な細胞があり、人の真似をします。例えばパーティーで、あなたの話し相手がポテトチップスを手に取ると、あなたも無意識のうちに彼女の行動を真似てポテトチップスに手を伸ばしてしまいます。たとえ、特にお腹が空いているわけでなくても。あなたの話し相手が腕を組むと、少し後にあなたも無意識のうちに腕を組んでしまいます。ミラーニューロンは、人の感情も真似ます。誰かが不機嫌そうな顔でオフィスに入ってくると、あなたも気分を高めるためにはチョコレートが必要だと感じます。あるいは誰かが笑っている部屋に足を踏み入れると、思わずあなたも笑顔になります。たとえ何がおかしいのかわからなくても。テレビのコメディー番組はこのトリックを使い、人の笑い声（たとえ、それが録音でも）を聞かせてあなたを笑わせるようにしています。

先の章で、ヒッポのアウグスティヌスの話を紹介しました。アウグスティヌスは、良い意味でも悪い意味でも友情には自分一人ではできないことをさせる力があることを知っていました。仲間として認められたいばかりに、彼は子どもの頃友達と共謀して近所の家から梨を盗んだことがあります。大人になって振り返ると、自分一人なら梨を盗まなかったでしょうから、友情に悪影響があることを認めざるを得ません。しかし、友情には人格を磨く力があることも彼は心得ていました。霊的自伝『告白』の中で「友情は、愛とやさしさの巣である」と彼は書いています。

哲学者ルネ・ジラールによると、行動や感情だけでなく、私たちの願いも無意識のうちに人と似たものになるといいます。願いは伝染します。しかし、風邪やインフルエンザが同僚やスーパーのレジの人など不特定多数から感染するのに対し、願いや価値観は無差別的には伝わりません。その人との関係性が影響力を決定します。より親しく、より尊敬する間柄だと、より大きな影響を受けます。この影響力は、ランチに何を食べようかといった些細な選択から、人生の方向性を決めるような大きな決断にまで及びます。

例えば、友人のカーティス・チャンはハーバード大学一年生のとき、すでに綿密な人生の計画を練っていました。彼は社会学の教授になること、さらに最初の三冊の学術書のタイトルまで決めていました。向上心が強く努力家で、権威あるロックフェラー財団の奨学金も獲得し、彼はそれを成し遂げるだけの賜物をすべて兼ね備えていました。しかし、カーティスは貧困に苦しむ人々を助けるクリスチャンたちと友達になります。常に彼らは励まし合い、必要とあらば対立もしました。それはちょうど、愛をもって互いの前に鏡を掲げるような行為です。この友達の影響と、さらに南アフリカの貧しい人々を助ける仕事を通して、カーティスの人生で最も大切なものが明らかにされ、〝達成を求めるアダム〟が持つこの世的な野心をより意味深い召命へと変えました。

大学卒業後少しの間カーティスは公共政策についてハーバード大学で教え、今はワシントンDCにあるアメリカン大学の国際業務学部で戦略的プランを教えています。彼は、貧困者を援助する政府とNGOを助けるコンサルタント会社ウィズイン・リーチも創設しました。ハーバード時代の友達の一人が、私にこう話してくれました。「カーティスの人生は、彼自身の小さなキャリアプランでは想像もできなかったほどすばらしく調和された実を結んでいます。現在彼は多岐にわたる権威とパワーを持つようになりましたが、学生時代の友人や人生を変えるような経験がなければ、それらの力は別の方面で使われていたことでしょう。」カーティスの野心はもはや自分の経歴や出世のためではなく、より偉大なもののために使われています。イエスのすばらしさと正義をさらに反映する世の中を作るためにです。聖霊の助けによって、カーティスの人生は力強く野心に満ちた〝達成を求めるアダム〟と、健全であわれみ深い〝魂を求めるアダム〟が相乗効果をもたらしています。友人たちが、ホリスティックな召命に生きるよう彼を助けました。三十年間にわたり、カーティスは大学時代の友人と交友を続けています。毎週金曜日は欠かさず、友人のカールと電話で話をします。彼らは互いに励まし、説明責任を持つことによって、今でも互いの前に鏡を掲げ続けています。

抵抗するための友情――時流に逆らって泳ぐ

カーティスの物語が示すように、個人であろうとグループであろうと自分をさらけ出すことができる関係を持つことは重要で、時として予想もつかない方法で私たちに影響を与えます。私たちの教会に来ているある夫婦と最近昼食を共にしたとき、友情がもたらす驚くべき力について改めて考えさせられました。夫のサイモンは国際開発の修士号、妻のシャノンは水文地質学の博士号を持ち、共に発展途上国で飲み水を供給する働きに従事しています。彼らは先ごろバンクーバーのマンションを売り払い、貧困地域に飲料水を供給する団体で働くためにこれからスーダンに移り住む予定だと教えてくれました。

慣れ親しんで居心地のいいバンクーバーを離れ、アフリカに住むことにためらいはないかと私は尋ねてみました。「私たちの社会では、多くの人たちがお金やモノを蓄えることに心が囚われています。『死んだ魚は流れに身を任せるしかないが、生きた魚は流れに逆らって泳ぐ』という諺があるでしょう。神の恵みによって、私たちは生きた魚です。だから、時流に逆らって泳ぎたいんです」とサイモンは答えました。

彼らが遣わされる地域では極度の暴力事件が日常茶飯事であるために、人質として捕まり、顔をマスクで覆われたときの対応も訓練の一つとして学んだそうです。「子どもを育てられるような所ではないんです」とシャノンは言いました。「私たちは三十代前半です。同僚の多くは子どもを持っていますが、遣わされる場所は幼い子どもを育てる環境ではないので、自分たちの子どもは持たなくてもいいと思っています。」

「スーダンで仕えるように召されているのなら、私たちは文字通り自分のいのちを捧げるようになるかもしれません。不要にそのことが起こらないように愚かな行為は避けるつもりですが、犠牲が求められるなら、その覚悟もできています」とサイモンは言います。

彼らがどのようにしてそのような強い信念を抱くようになったのかと聞くと、サイモンはこう答えました。「私は定期的に三人の男性と会っています。その中の一人が『自分の人生は短期の宣教旅行だと捉えているので、それが終わったら家に帰る』と言いました。私たちも同じ考えです。」

付き合う人たちによって、私たちのビジョンは大きな影響を受けます。神は友達を使って私たちの願いを変え、私たちが野心のために野心を抱くのではなく、より崇高な召命を果たすための願いを持つようにされます。若いときはかっこよくて人気があり、頭も良くて、自分に有利なことをしてくれる友達に惹かれるかもしれません。人生で最も重要な目的について最近の若者に聞いた調査では、八十パーセント以上の若者がお金持ちになること、五十パーセントの人が有名になることと答えています。しかし、そのような野心は、より良く生きることや充実した人生を送る助けになるのでしょうか。

私たちが持つ人間関係と人生の充実度には関連があることが、ハーバード大学の研究からもよくわかります。このプロジェクトでは、七百二十四人の男性に仕事や家庭生活、健康、幸福感について毎年質問し、一九三八年から八十年近く二つの男性グループの人生を追跡しました。第一のグループは、ハーバード大学の二年生が対象者です。第二次世界大戦中に大学を卒業し、ほとんどの者は戦争に行き、戦地から戻って来てからは医師や弁護士になりました。そのうちの一人は、アメリカ合衆国の大統領にもなりました。第二のグループは、ボストンに住む最も問題が多く恵まれない家庭出身者が対象です。彼らも出征し、戦争から戻って来てからは工場で働く労働者やレンガ職人になりました。

この論文が書かれた当時、九十代となった研究対象の男性たち五十名近くは存命で、まだ研究に参加していました。現在この研究プロジェクトのリーダーであるロバート・ウォルディンガーによると、この八十年に及ぶ研究から得られた最も明確なメッセージは、良い人間関係は私たちをより健康にし、幸せにするということでした。社会的つながりは私たちを豊かにし、孤独は死を招くことが調査からわかっています。家族や友人、コミュニティーとのつながりがある人は、つながりが希薄な人に比べて強い免疫力を持ち、喜びにあふれ、長生きすることがわかりました。重要なのは、友人の数やそれが結婚のように「契約を伴う関係」かどうかではありません。実際、ストレスの多い結婚生活は健康に害を与えます。最も問われるのは、関係の質です。

良い関係は、より健全な霊的いのちを育むと聖書も教えています。箴言一三章二〇節は、「知恵のある者とともに歩む者は知恵を得る。愚かな者の友となる者は害を受ける」と教えています。同様に、古代ギリシャの哲学者アリストテレスは、真の友情で重要なのは友達に何かをしてもらうことや気分を良くしてもらうことではなく、相互の尊敬と称賛に基づき、徳を高め合うことだと言っています。

この本を読んでいるあなたなら、いい車に乗って大きな家に住み、子どもをいい学校に入れることが人生の目的のすべてというような人をわざわざ親友には選ばないでしょう。そのような人より、人生の中心に神を置きたいと願う魂の友を持ちたいと思いませんか。そのような人と交友を持つと、信仰や奉仕、人格、正義、豊かに与えることにおいても私たちは成長していくでしょう。尊敬する人たちと時間を過ごすと、意識するしないにかかわらず、その人たちに似てくるようになります。それではどのようにしたら人生の中心に神を置く魂の友を見つけ、交友関係を築くことができるでしょう。次に、いくつかの提案をご紹介しましょう。

励まし合える友人を求めて祈る

おそらく恋人との出会いを求めて祈ることはあっても、ほとんどの人は霊的な友と出会うために神に祈ったことはないかもしれません。聖書にはルツとナオミ、ダビデとヨナタン、パウロとテモテ、イエスと弟子たちのように、神の導きによって霊的な友となった人々の話が多くあります。

福音書によると、イエスは一晩中祈っておられたことが二度あります。最も有名なものはゲツセマネの園で、十字架にかかられる前夜の出来事です（ルカ二二・三九～四六）。しかし、公にミニストリーを開始する前にも、イエスは最も身近に過ごす友の召命のために夜明けまで祈っておられました（ルカ六・一二～一六）。イエスが一晩中かけて十二弟子を選ぶために神の導きを祈られたことからも、神が選ばれた人を判断することがいかに重要かがわかります。

同じように、互いに励まし合うように神が定めてくださった友達のために私たちは祈ることができます。

霊的な古典『四つの愛』の中で、C・S・ルイスはヨハネの福音書一五章一六節にあるイエスのことばを吟味しています。そこは、弟子たちの互いの関係について描写している箇所です。「交友関係において、私たちは自分で友人を選んだと思いがちですが、クリスチャンにとって厳密にそれはあり得ないことです。背後に目に見えない進行役がいて、すべてをお膳立てしています。弟子たちに「あなたがたがわたしを選んだのではなく、わたしがあなたがたを選び、任命しました」とおっしゃったイエスは、友人同士になったすべてのクリスチャンたちにもこう言っておられます。「あなたがたが互いに選んだのではなく、わたしがあなたがたを互いのために選びました。」

現在、信仰や神からの召しに対して励ましを与えてくれるような友人を持っていないのなら、信仰の旅路を共にしてくれる友人に出会えるよう祈ってみてください。心当たりの人をランチやコーヒーに誘って、ある一定期間定期的に会う（電話やスカイプでも）ことを互いに希望するかどうか聞いてみることもできます。

励まし合う友情を培う

西側先進諸国では、ほとんどの人が友情より自分のキャリアの方に重きを置いています。神学校の恩師だったスーザン・フィリップス先生が指摘するように、人は仕事のためなら国内はもとより外国にも引っ越しますが、友達がそこに住んでいるからという理由で引っ越して来ることは滅多になく、今住んでいる街に友達が住んでいて離れたくないから昇進を断るという話など聞いたこともありません。私たちは〝魂を求めるアダム〟的な友情より、〝達成を求めるアダム〟的なキャリアや富の豊かさを重んじる社会に住んでいます。おそらく過去のほとんどの時代でも、同じことが言えるでしょう。紀元前四世紀の古代ギリシャ哲学者ソクラテスも、ほとんどの人は一人の良き友に勝るものは何もないと言いながら、実際は家や畑、家畜や奴隷を手に入れることで頭がいっぱいだと言いました。

私たちは〝達成を求めるアダム〟的な社会的価値観の影響を受けており、〝魂を求めるアダム〟的な関係を育てることよりも仕事をやり終えることを優先してしまいます。自由に使える時間が三十分あると、おそらく関係のためよりも仕事関連のことに時間を費やすでしょう。しょせん仕事で何かを達成した方が、昇給や昇進、新しい契約という目に見える形で即座に評価を受け取ることができるのです。

あるいは、ほんのわずかでも時間があるとSNSをチェックしたり、ネットフリックスを見てしまうかもしれません。どちらも、即時の満足感を約束するものです。反対に、友達や家族との関係を培うには時として何年もの投資が必要で、すぐに結果を見ることができません。あなたに子どもがいるなら、胸を張って「いい子に育ってくれた」と言えるまでには、二、三十年、あるいはそれ以上の年月がかかるでしょう。

さらに、家族や友人たちが声を大にして自分たちの方に関心を買おうともしないので、どうしても彼らとの関係は二の次になってしまいます。しかし、最も大切にすべき人々をないがしろにしていると、何か大変なことが起こり、家族や友人の助けが必要になって初めて、周りに誰もいないことに気がつくかもしれません。

ほとんどの人にとって、友情は優先順位のトップに置くようなものではないと感じています。もし友情を重要視しているなら、自発的にもっと友情を育むでしょう。口では関係の大切さを語っていても、行動を取らなければ何の意味もありません。

『忙しい人を支える 賢者の生活リズム』の中で、私は新旧両方の関係を育むための柔軟な生活リズムを提案しました。例えば、私の生活リズムの一つに、五時半までに帰宅して、息子のジョーイとサイクリングに出かけたり、キャッチボールをする時間を作るというものがあります。また、夜に仕事をするのは週三日まで（非常時は、この例外としています）に制限して、家族や友人たちと過ごす時間を楽しみます。牧師のような仕事をしていると、次々に起こる問題の処理に追われてしまいがちになるので、週に一回は仕事の話は一切しないで、ただその人との関係を深める目的でランチの時間を持つように心がけています。

先に書いたように、私は二十四時間の安息日を守っています。その日は、家族や友人たちと直接会うか、離れている人とは電話やフェイスタイムをして時間を過ごします。一年を通しての生活リズムとしては、ほとんどの七月と八月の夏休み期間は家族と過ごすことにしていて、講演の仕事は入れないようにしています。もともと〝達成を求めるアダム〟的な性格なので、一年を通して興味のある分野や意義を感じる仕事の機会を断ることは困難でした。しかし、そうすることが正しいと感じているので、今では平安を感じています。

あなたも仕事で忙しい毎日を過ごしているなら、家族や友人といった大切な人たちと意味ある関係を築くために、他の用事を断る必要があるかもしれません。

人から望まれる友人になる

人との関係を犠牲にしてまで、終わりなき仕事に多くの時間とエネルギーを費やすことに意義があるのかとあなたも疑問に思っているかもしれません。そのような選択をしたばっかりに、人生の終わりにはひとりぼっちになるかもしれないという恐れもあります。しかし、私のメンターが言うように「自分が望むような友達にあなた自身がなれば、必要な友達は持つことができる」のです。また箴言が教えるように、豊かに与える人には多くの友がいます（箴言一九・六）。それはもちろん、お金を与えるという意味だけでなく、時間やエネルギー、愛やケアなども豊かに与えることを意味します。

私が毎年クリスマスに観るお気に入りの映画『素晴らしき哉、人生!』は、そのことがテーマです。この映画の舞台は二十世紀前半のアメリカですが、今でも多くの人々が共感を覚えるようです。主人公のジョージ・ベイリーは、少額貯蓄やローンを担当する銀行家です。ジョージの叔父ビリーの不注意から銀行の八千ドル(当時は大金でした)をどこかに置き忘れてしまったとき、自分がそのお金を盗んだとか、ギャンブルで使い果たしたと思われるのではないかと心配します。刑務所に入れられることや彼の評判を落とすスキャンダル、家族に降りかかる汚名も恐れます。しかし、人生で真っ暗闇の経験をしている最中に、友人たちが助けに来てくれます。あまりお金は持っていませんでしたが、彼は交友関係において豊かな者であることに気づかされました。彼は多くの人にとって良き友人だったので、彼の周りには彼を助けたいと願う人たちが大勢いました。

人生で最も暗いとき、誰もが友達に囲まれたいと願うのではないでしょうか。

それでは、自ら積極的に友達や家族との関係に投資したいと皆が思っているでしょうか。ヒュー・ブラックはこう言います。

友達付き合いにおいては、何の責任を負うことなく、ただ友人から良きものだけを受けたいとたいていの人は願っているようだ。できるだけ多くの人と付き合った方がいいという考え方も、私たちが犯しがちなまちがいで、そのために深い付き合いができなくなっている。忠実で信頼に足る友達がいないと嘆く人は多いが、そもそも私たちはそのような友情を育むための愛情を注いでいないのだ。私たちは蒔かないところから、刈り取ろうとしている。

互いに成長できて長続きする友情を刈り取りたいなら、自分の人生の一部となっている人たちにタネを蒔く必要があります。中世のフランク国王シャルルマーニュ（カール大帝）に仕えた家庭教師兼カウンセラーであったアルクィンは、国王に宛てた手紙の中でこう書いています。「友人という言葉は、『魂の管理人』（amicus dicitur quasi animi custos）という言葉に由来しています。つまり友人の魂が傷つけられることがないように、忠実に守る人のことをさします。」互いの弱さが露呈するような次のような質問を交わすことができるとき、私たちも「魂の管理人」になります。

あなたにとって、最も困難なことは何ですか。
どのような誘惑に弱さを感じますか。
どのようなことに、特に励ましを感じますか。
あなたの神との関係は、どのようなものですか。

私が友情について何かを知っているとしたなら、それは実際の経験から学んだものです。私の場合、メンターとして若い牧師やリーダーを教えることしかできないと思っています。というのも、自分よりかなり年配のレイトン・フォードからメンタリングや深い友情の恩恵を受けてきたからです。二十年以上もの間、人生の転機においても、普段の生活においても彼は私と共にいてくれました。彼が私の話に心から耳を傾けてくれたので、私は誘惑や困難に対しても率直に話す勇気が与えられ、希望や恐れに対しても正直になることができました。

人の話に耳を傾ける能力を伸ばしたいなら、メンターか霊的同伴者（スピリチュアル・ディレクター）を探すことをお勧めします。霊的同伴はカトリックの間では長い間一般的に行われてきた霊的習慣ですが、プロテスタントの間でも近年ではいのちを与えてくれる修練として急速に広まりつつあります。良き霊的同伴者は霊的導きや交わりを与えてくれ、信仰の旅路を助けてくれます。スーザン・フィリップスが言うように、霊的同伴者はあなたのことを「神から愛されている者」として話を聞いてくれるので、あなたは安心して自分の魂の奥底まで行き、新たな視点から神の声を聴くことができるように助けてくれます。このような傾聴を経験すると、他の人の話もよく聴けるようになります。

ダイナミックな説教者で社会活動家でもあるトニー・カンポーロが、かつて私にこんな話をしてくれました。彼がペンシルベニア州立大学で社会学のクラスを教えていたとき、「どのようにしたら理想的な人間になることができるか」と学生たちに質問したそうです。理想的な人間になるにはまず、理想的な人間と親しくなる必要があると学生たちは答えました。次にトニーは、理想的な人間の条件を挙げるよう求めました。学生たちは愛、知恵、忠誠心や勇気などの条件を挙げました。これらすべての要素を兼ね備えた人を知っているかとトニーが尋ねたところ、教室は静まり返ってしまいました。最後に、トニーは大胆にもこう締め括りました。「たった一人、そのような人がいる。それはイエスだ。イエスと友達になるなら、君たちもそのような人になることができる。」

イエス・キリストとの友情を深めると、私たちは人から求められるような友達となり、神が与えてくださる友達を持つことができるのです。

信仰のために互いに励まし合う

前の章で、一五九七年二月五日長崎でキリスト教信仰のために二十六人の者が十字架刑で殉教した話をしました。キリスト教を捨てることを拒んだ二十四人のクリスチャンは、京都から長崎までの九百キロ以上もある道のりを徒歩で移動させられました。イエス・キリストを否定すれば、いのちは助けられ悲惨な死を免れることができましたが、殉教者たちは最後まで忠実であり続けました。途中二人の名も無いクリスチャンが長崎に行く途中の二十四人に会い、彼らの忠誠心に深く感銘を受け、彼らに加わることにしました。そのため、二十四人の殉教者が二十六人になったのです。

忠誠を誓うことが死を意味する中で、これらの殉教者たちはどのようにして忠実であり続けたのでしょうか。その九百キロの道のりを歩くには、約一か月を要しました。その殉教者たちは、互いに揺るぎない信仰を保つよう常に励まし合っていました。キリスト教信仰は決して一人で歩むものではなく、チームでレースに参加するものです。

私たちのほとんどは、キリストへの信仰のために殉教することはなくても、神への全き献身を挫こうとする力を感じることはあると思います。終わりなき仕事にあまりにも多くの時間を割くようにプレッシャーを感じることもあるでしょう。人から認められたい、あるいは性的な誘惑に駆られることがあるかもしれません。生きる中で神と神の召しに忠実であるためには、意識的に一人か二人の巡礼の友と歩むことが必要で、信仰の旅路において忠実であり続けるよう励まし合うことは不可欠です。たとえ、それがどんなに大きな犠牲を強いることであってもーー。

私たちすべての者が、ヘブル人への手紙の言葉を心に刻み込むことができるように祈ります。「愛と善行を促すために、互いに注意を払おうではありませんか。ある人たちの習慣に倣って自分たちの集まりをやめたりせず、むしろ励まし合いましょう。その日が近づいていることが分かっているのですから、ますます励もうではありませんか。」（ヘブル一〇・二四〜二五）

✝内省とディスカッションのために

一　聖アウグスティヌスが経験したように、あなたに悪影響を及ぼした人がいますか。どのような影響を受けましたか。

二　神に関することで、友達から影響を受けたことがありますか。それは、どのような影響でしたか。

三　友達を作る上で、祈りはどのような役割を果たすと思いますか。

四　神が、あなたの人生に与えてくださったと感じる人がいますか。もしそうなら、どのような理由からそう感じますか。

五　弱さが露呈するような質問をすることができる、魂の管理人と言えるような友達を持っていますか。

六　どのようにして、互いに励まし合える友情を培うことができますか。

《祈り》主よ、ありのままの私を愛し、
迷いがちな私の足取りの先に
いつも光を照らしてくれる友人を数人、
私に与えてください。

第十章　天職――聖なる召しを知る

自分の人生をどう生きたいのかと内なるいのちに語る前に、自分が誰なのかを教えてくれる内なるいのちに耳を傾けなければいけない。

パーカー・パルマー

私がまだ独身で牧会を始めたばかりの頃、東京で働いていたときの友人に会うためたびたび日本に帰っていました。その中の一人が個人的に相談したいことがあると言ってきたので、日本のとある小さな島で彼と会うことになりました。

日本に発つ前、教会に来ている年配の女性が私の肩を叩きながらこう言いました。「この旅行で、将来あなたの奥さんになる人と会えるようお祈りしているわ。」私は旧友以外誰にも会わないことを説明して、彼女のコメントを否定しました。しかし、日本に滞在中、その友人は大学時代の親友に引き合わせてくれました。旅行から帰って来た後、私は彼女とメールや電話で連絡を取り合うようになりました。私たちの交際が発展するにつれ、あの年配女性の言葉を思い出し、あれは神からの語りかけだったと悟りました。後に、私は早基子と結婚に導かれました。

祈りを通して神と時間を過ごし関係を深めていくと、たとえ劇的な形でなくとも、神が与えてくださる小さな導きのサインに気がつくようになります。過去を振り返ったときにのみ、気がつくものもありますが。

レフ・トルストイが一八八六年に発表した短編小説『イワン・イリイチの死』の主人公イワン・イリイチは、成功を収めた裁判官です。イワンは中産階級の家で育ちますが、法律学校にいる間にお金持ちの生活に触れ、上流階級に憧れを持ちます。彼には堅苦しく真面目な兄と奔放な弟がいましたが、明るくて仕事もでき、忠実である——彼より地位が上の人の面前では常に正しいことをする——自分を誇りに思っていました。彼は着実に出世の階段を昇り続け、友人の助けもあって裁判官としての地位を得ます。

自己中心的な妻プラスコーヴィヤ、そして娘のリーザと息子のヴァスヤとの関係は、よそよそしいものでした。そのことに憤慨していたイワンは家族から目を背け、完全に仕事に没頭していました。ある日、美しい新居で壁紙の貼り方に注文をつけていた際、はしごを踏み外してわき腹をぶつけてしまいます。それ以来徐々に痛みが増すようになり、ある日口の中に奇妙な味が広がることに気がつきました。わずか四十五歳でしたが、その傷から彼は不治の病に陥ります。

衰弱し寝たきりの状態で、イワンは人生の意味について思いを巡らせます。初めのうちは、いい人生を送ってきた自分がこのような苦しみを受けるのは不当だと感じました。しかし、少年時代の楽しかったことを思い出すにつけ、その頃の自分から変わり果て、社会的成功の階段を昇るうちに彼の内から喜びがなくなってしまったことを悟ります。今では仕事上の成功など取るに足らないことで、彼の家庭生活や社会的興味は見せかけに過ぎないと感じました。

死の床に就きながら、一つの思いが頭に浮かびました。「私は、生きるべき人生を生きなかったのではないか。」

突然、イワンは「胸とわき腹に強い衝撃を感じ」輝く光の存在の中に押し込まれました。家族に対する苦味は取り去られ、憐れみの気持ちで満たされました。深いため息をつき、溢れるばかりの喜びを感じながらイワンは体を伸ばし、そして亡くなりました。

トルストイは五十代半ばで自分の人生の意味について思いを巡らしているときに、この短編小説を書きました。彼はすでに『戦争と平和』や『アンナ・カレーニナ』などの偉大な小説を世に送り、世界的に有名で裕福になっていました。しかし、彼の人生は神の価値観というより、この世の価値観に沿っているように感じていました。誰もが避けて通ることができない死について考えるとき、さらなる富や名声を得る必要があるのか疑問でした。広大な土地に三百頭の馬を所有し、プーシキンやシェークスピアよりも有名になることはそれほど重要ではないと悟りました。彼はイエス・キリストの生き方を観想することによって答えを得ようとし、その中で根本的な優先順位が変わりました。

イワンのように臨終の間際ではなく、トルストイは亡くなる前に自分の人生の優先順位を再検討しました。キリストの生き方を観想する中で、これまでの人生で自分の手で築き上げたものを手放すとき、神にあって真のいのちを見出すことができるという逆説をイエスから学びました。

イワンやトルストイを照らす光の存在の中で、あなたも自分自身が死の床に就く様子を想像し「私は、生きるべき人生を生きたか」と自問してみてください。その質問はあなたをやるせない思いにさせるかもしれませんが、自分の死を想像することは多くの実を結ぶと聖イグナチオ（第六章で紹介した「意識の究明」の祈りの考案者）は教えました。そうすることで、自分にとって最も大切なものが明らかになるからです。
神は、あなたに次のような質問はなさいません。

あなたより立場が上の人の前で、忠実に正しいことをしましたか。
あなたは、社会の価値観を忠実に反映しましたか。
あなたは、可能な限り最も高い地位に就くことができましたか。
いい人生を送りましたか。

おそらく神は、神やすべての被造物との関係を振り返るような質問をなさるでしょう。

あなたは、わたしの御心を行いましたか。
あなたが生きるようにとわたしが意図した人生を生きましたか。
わたしが創造した人に、あなたはなりましたか。
わたしとわたしが創造したすべてのものと共に、愛に溢れた人生を生きましたか。

ゲツセマネの園へ向かう途上で、イエスはこう祈られました。「わたしが行うようにと、あなたが与えてくださったわざを成し遂げて、わたしは地上であなたの栄光を現しました」（ヨハネ一七・四）。どのようにしてイエスは天の父のみこころにかなった完璧な人生を生き、与えられた仕事を成し遂げることができたのでしょう。イエスの生き方を一緒に見ていきましょう。

みこころにゆだねて判断を仰ぐ

第一に、イエス・キリストは完全に神のみこころに身をゆだねておられました。ミニストリーの初めでイエスはこうおっしゃいました。「子は、父がしておられることを見て行う以外には、自分から何も行うことはできません。すべて父がなさることを、子も同様に行うのです」（ヨハネ五・一九）。この世におけるミニストリーの終わりで、イエスはこう祈られました。「わたしの願いではなく、みこころがなりますように」（ルカ二二・四二）。このシンプルな祈りの中に、天の父との関係に生き、父のやり方や目的に従順にいのちを捧げられたイエスの人生のすべてが表されています。

私たちは、完全に神のみこころにゆだねることに抵抗があるかもしれません。どのような所に創造主が導かれるのかと、恐れを抱いてしまいます。神のご計画に従う決断をする前に、神の御手を見せてもらえたらと思います。あるいは自らの対案を出したり、自分が選んだ道に従いたいと願います。もしくは、一つか二つの山に登って、地平線に広がる風景がよく見渡せるようになって初めて、確かな情報に基づく決断ができると考えるかもしれません。しかし、神がご自身のみこころを明らかにされるのはたいてい、私たちが神に信頼して神の目的にゆだねるとき（箴言三・五〜六）なのです。

聖イグナチオは、私たちが神の目的にゆだねる過程を三段階の謙虚さに分けて説明しています。第一段階の謙虚さとは、真に神にゆだねた状態です。神を心から愛しているので、決して神を侮辱したり、聖書や私たちの良心を通して表された神の望みを冒すことはしません。この初期段階は、神によって導かれるように私たちを整えてくれます。

第二段階の謙虚さとは、神に対して全く両手を開いた状態をさします。富か貧困か、有名か無名か、長く健康な人生か短く不健康な人生かという可能性が与えられた場合、全く神のみこころに対してオープンになります。神のみこころを行うためには、すべてのことから解放されている状態が望ましく、自分の望みに対してできるだけ「無関心」になり、私心を捨てようとします。

第三段階の謙虚さとは、富や名声、健康で長寿を求めるより、貧困や無名、苦しみの多い短い生涯を求める状態をさします。それが、イエス・キリストの歩まれた生き方を反映するからです。極端に聞こえるかもしれませんが――私自身、このような生き方をしていませんが――その動機は自己虐待ではなく、うぬぼれから自己を解放するためです。親しい友人や家族が苦しんでいるとき、その人と自分を重ね合わせて見るように、私たちの願いはキリストと自分自身を重ね合わせて見ることです。

あなたの性格によっては、第三段階の謙虚さは不向きであったり、有害ですらあります。しかし、〝達成を求めるアダム〟的に業績を通して人から認められたいタイプは、ロヨラが教える謙虚さによって世的で表面的な成功の尺度から解放されるかもしれません。

しかし、神と神の目的のためにゆだねた人生が、必ずしも静かで無名のまま生きることとは限りません。ロヨラ自身は、祈り深く観想的な〝魂を求めるアダム〟であっただけでなく、かなり〝達成を求めるアダム〟的なところもある活動的な人でした。彼が創設したイエズス会は、「行動しながら観想する」ことで知られています。ロヨラは仲間と共に何百もの大学や病院、霊的形成のコミュニティーを創設しました。一八〇〇年までのヨーロッパでは、五人に一人がイエズス会系の学校で教育を受けたと言われています。

しかし、ロヨラはこの世的な野心や虚栄心によってではなく、神の力によって行動しているというはっきりとした自覚がありました。かつて彼は「もし、あなたの何百もの大学が閉鎖に追い込まれたら、どう思いますか」という質問を受けました。それに対し、彼はこう答えました。「そこから立ち直るのに、おそらく五分もかからないと思う。」

この世でのイエスの生活は観想的でありながら活動的であり、自分の時間と公に過ごす時間の両面がありました。初めの九十％の人生は無名で、意図的に注目を集めようとなさいませんでしたが、最後の十％はかなり公の立場にいました。三十歳までは比較的静かな生活でしたが、最後の三年間は病人を癒やし、飢えた人に食事を与え、弟子たちを教え、群衆に説教しました。彼は人々の賞賛に執着するわけでも、人目を避けることに固執するわけでもありませんでした。同様に、私たちも神のみこころを完全に受け止めるよう召されています――いつ何時でも、導きに従うように。

権力や名声を遠ざけて、私たちは謙遜で慎ましい道を歩むように召されるかもしれません。それが、初めてのクリスマスに赤ちゃんとして――私たちのひとりとして――キリストがこの世に来たときに歩まれた道だからです。イエスは豊かな者であられたのに、私たちのために貧しくなられ、彼の貧しさゆえに私たちは豊かになると聖書に書いてあります（Ⅱコリント八・

九）。

十三世紀の初め、アッシジの聖フランシスコと聖クララの二人は裕福な家庭で育ちましたが、巨額の遺産を捨て、貧しくありながらも豊かに与える生活を送るよう神から召されていると感じてこの道に従いました。

最近の例では、ヘンリ・ナウエンがハーバード大学の教授という華々しい名誉を捨て、トロントにある知的障害者施設ラルシュで静かに暮らすように導かれました。

イエスは、社会的地位において私たちも下降するよう召されるかもしれません。

しかし、中には社会的に上昇するよう召される人もいるかもしれません。聖書の中で、神はヨセフを牢獄からエジプトの宰相へと引き上げられました。エステルはペルシアで弱く蔑まれていた少数民族の一員でしたが、神の摂理によって王の妃となりました。使徒パウロは、キリストを知る前も知った後も野心に満ちていました。回心の後、彼は福音宣教の働きを促進し、その勢力は次第にローマ帝国に多大な影響を及ぼすようになりました。

偉大なことを成し遂げたいという〝達成を求めるアダム〟的な願いは自己中心的で、浅はかに思えるかもしれませんが、その思いが神から来ている可能性もあります。

アンディー・クラウチは有名な著者であり編集者でもありますが、学生伝道を行うインターバーシティーのリーダーとして十年間にわたってハーバード大学で活動していました。アンディーや他のリーダーたちはハーバードの価値観を覆し、権力や富、特権を放棄するよう学生たちに勧めることがリーダーとしての務めだと感じていました。インターバーシティーと関わりを持った人たちは「社会的に下降」し、「アメリカン・ドリーム」に背を向けるように勧められました。またスラム街や発展途上国に行き、謙遜に仕えるようにという教えを受けました。

しかしある日、アンディーはスラム街出身のアフリカ系アメリカ人学生と出会いました。「私がハーバードに来るとき、私の教会とコミュニティーの人たち全員が祈禱会を開いて送り出してくれた。その教会にとっても私の家族にとっても、私がアイビー・リーグで学ぶ初めての者だったから。私は、コミュニティー全体の任命を受けてここに来たんだ。ハーバードで学位をもらっても、私が医者や弁護士、エンジニアにならずにスラム街に戻って来ると言ったら、彼らを完全に失望させてしまうよ。」

この若者にとって神を崇める――そして彼の家族やコミュニティーを祝福する――最善な道は、専門職に就いてこれまでとは別の生き方を示すことだと感じていました。確かに、私たちの社会が持つ成功の定義は狭いものです。富と権力と名声です。しかし、クリスチャンも神に仕える唯一、あるいは最善な生き方は直接貧しい人たちのために働いたり、牧師や宣教師として献身することだというのなら、私たちも成功を狭い定義で捉えていることになります。最も大切なのは、神が私たちに持っておられる召命に応答することです。それが何であろうと、どこに行くことであろうと、です。

神からどのような召命を受けているかを判断するためには、キリストにあって新しく造られた者――一つに統合されたアダムとして――〝達成を求めるアダム〟と〝魂を求めるアダム〟の両方が回復される必要があります。いつ一人静まって祈るときを持つのか、いつ人前に出て積極的に活動をするのかを見極めるために、神の導きを求めることが大切です。

神を待ち望みながら判断する

多忙な公の仕事をこなしながら、イエスは定期的に天の父を求める時間を持っておられました。「朝になって、イエスは寂しいところに出て行かれた」(ルカ四・四二)、「イエスご自身は寂しいところに退いて祈っておられた」(ルカ五・一六)。完璧な霊的判断が可能な神の子が積極的に天の父の導きを求めておられたのなら、注意力散漫で多くの欠点を持つ私たちはどれほど神の導きを必要とするでしょう。

私たちが神に聞く時間を持たないなら、神の語りかけを受け取ることはできません。神以外の声や願いで散漫な状態では、神の導きに気がつくことができません。

しかし、祈りを通して神と時間を過ごし、聖書に注意を向け、関係を深めていくと、人々や自然、あるいは周りの状況や心に湧き上がる思いなどを通して、神が与えてくださる導きの小さなサインに気がつくようになります。読書や知恵ある友人の助言、周りの状況、心の平安などを通しても、神の導きに気づく能力は成長します。言葉を使った祈りの他にも、四章で学んだような沈黙の祈りの中で聴くこともできます。神の御臨在に注意を向けるとき、より神の声に敏感になり、聖霊の導きを聴くことができるようになります。

神学校を卒業した後、私には二つの機会が与えられました。一つは、世界中の若いクリスチャン・リーダーの育成に焦点を当てた国際的な団体の副リーダー。もう一つは友人と一緒に南カリフォルニアで開拓伝道を始めることでした。神がどちらに導いておられるのか、私にははっきりとわかりませんでした。

神のみこころを求めている時期にメンターのレイトン・フォードに会い、一緒にワシントンDCのリンカーン記念公園からほど近い所を歩いているとき、私が抱えるジレンマについて分かち合ったことを覚えています。彼のアドバイスは、こうでした。「どちらを選ぶべきかよく祈って考えても、神から明確な『答え』が得られないときは、人生の終わりであなたが最も望むものを想像してみなさい。あなたが行きたいと望む方のドアを開けて進み、神がその選択を正しいものとしてくださると信頼しなさい。」

神が喜んでくださる選択を求めても、神からはっきりとした導きが得られないとき、これまでの人生の道筋に沿っていると思われる道を選ぶこともできます。一つの道が示されるまで待った方がいいと感じるかもしれませんが、必ずしもそうすることが実際的でない場合がありまず。仕事の採用期間にも、締め切りがあります。そのような状況のとき「自分が最善の状態でいるとき、最も望むものは何か」と尋ねることができます。

自分にとっての喜びと、神をたたえ神に喜んでもらえると直感的に思えることが交わる道を選ぶことが私たちには許されています。神学者であり作家でもあったフレデリック・ビュークナーは言いました。「召命とは、私たちの深い喜びがこの世の深い必要と出会うところにある。」

たまにですが、決断に関して神の導きを求めているとき、神が特別鮮明にみこころを教えてくださるときがあります。企業で働き、開拓伝道に携わった後、私は一週間断食をして新たな導きを求め祈りました。当時テンス教会と何のつながりも持っていませんでしたが、断食三日目に「テンス・アベニュー・アライアンス教会」という言葉がはっきりと私の頭に浮かびました。断食五日目には「主任牧師」という言葉が頭に浮かびました。しかし、そのように劇的で疑いの余地もない形で導かれることはほとんどありません。

喜びを感じるかで判断する

もしあなたが保守的な教会で育ったのなら、勉強や仕事で頑張って上を目指し、人から一目置かれるような〝達成を求めるアダム〟的生き方は世的で虚しいと感じているかもしれません。あるいは、あなたが恐れていることや不本意なことに召されるかもしれないと思っているかもしれません。しかし、C・S・ルイスが言うように、「喜びは、天の重要課題」なのです。神のみこころを示す最も明白なしるしは、いのちに満ち溢れていることです。

ほとんどの場合、天職は神が私たちを設計された意図に沿うものです。ですから、多くの人が喜び溢れる自由を満喫していた子ども時代に、天職のヒントを見つけることがよくあります。

私の妻の早基子は小さい頃から、書くことが好きでした。小学三年生の頃から毎日日記をつけるようになりました。六年生のとき、作文のコンクールで初めて賞を取りました。高校生のときに応募したエッセイが入賞したとき、彼女はまだクリスチャンではありませんでしたが、マザー・テレサに会う機会が与えられて感激したそうです。東京にある大学を卒業した後、彼女は雑誌の編集者となり、後に本の編集者となりました。

結婚後カナダに住むようになって、彼女は天職が取り去られたように感じました。英語では編集の仕事ができないと思われたからです。

しかし、日本のクリスチャン出版社から依頼されて翻訳した本が予想外に売れました。それ以来彼女は翻訳の仕事をするようになり、大きな喜びと充実感を感じています。天職という人生の重要な要素が回復されたと感じているようです。

喜びは神のみこころを表す大切なしるしであることにまちがいはないのですが、好きなことだけを追いかけていれば、天職に出会えるというほど単純なものでもありません。本当に召命を受けていれば、実際人の役に立つだけのレベルに達する必要があります。小さかった頃私はアイスホッケーが大好きでしたが、現在仕事としてアイスホッケーをしていません。誰も私のプレイにお金を払いませんし、払うべきではありません。現在、地元のプロ・アイスホッケーチームであるカナックスは苦戦していて助っ人を必要としていますが、私の助けは必要としていません！　天職について観想するときは、「自分がよくできることは何だろう」、あるいは「練習を積めば、何が上手くできるようになるだろう」といった質問を自分にしてみるといいでしょう。

当然ながら、天の喜びを求めることは、高い地位や収入を求めることではありません。現在の仕事に満足していない人の多くは、地位やお金で仕事を選んでいます。知人の歯科医は、三十年にわたり彼女のクリニックを成功に導いてきました。しかし、彼女は自分の仕事に満足していません。移民としてカナダに来た彼女の両親が、人々から尊敬され、収入も多い職業に就くようにと彼女にプレッシャーを与えたからです。もちろん歯科医や医師、弁護士など専門職に就く多くの人たちは自分の仕事が好きで、公益のために自分の賜物を使うことに深い満足感を得ています。しかし、仕事から来る特権には満足しているものの、行き詰まりを感じたり、仕事そのものに嫌悪感さえ感じている人もいます。

喜びは天職を得たというしるしだけではなく、いのちを与え、神をたたえる仕事をしているしるしでもあります。私たちの教会員であるウィニー・スーは、バンクーバーでも評判の医師であり、大学の医学部でも教えています。結婚して、三人の子どもの母親でもあります。彼女は最先端の研究をしたり、医学雑誌に論文を発表したいという気持ちがあるものの、現時点ではそれは無理だと感じていると最近私に打ち明けてくれました。そうすることで家庭生活に犠牲を強いたり、日曜学校での奉仕や、中国の貧しい地域での医療宣教活動を諦めたくないと彼女は言います。

仕事に多くの時間を費やすあまり、大切な関係や優先順位を犠牲にしたり、仕事があまりにも厳しくなりすぎて喜びを失うなら、それは私たちが神のみこころから外れてしまったしるしです。正しい仕事に就いているかもしれませんが、まちがったやり方でそれを行っているかもしれません。聖イグナチオは、働きすぎ（あるいは働き足りない）かどうかを判断する方法として、自分の内側で感じていることに注意を向けること、さらに自分の慰め（喜び）と荒び（フラストレーションや悲しみ）にも目を向けるように教えました。

厳しい仕事で八方塞がりのとき

仮に給与などの報酬を一切受け取らなくても、あるいは十分にお金があって働く必要がなくても、この仕事を続けるかと自問することによって、現在の仕事が自分にとってどれほど大切であるかを吟味することができます。

現在の教会に初めて来た当初、教会の手持ち資金は残高ゼロでした。もし必要であれば、報酬ゼロかほとんどなしの状態でもこの仕事を受け入れ、他に仕事をしながら生活していこうと思ったことからも、今の仕事は自分にとって本当にやりたい仕事であることがわかりました。毎年役員会が私の仕事に評価を下すとき、私は同じことを自問します。仮に豊かになって、報酬なしでもこの仕事を続けていくか――。引き続き答えがイエスなので、私はこの職にとどまるべきだと感じています。

同じようにあなたも、何の地位や名誉が与えられなくても、その仕事を続けるかと自問することができます。

ただし、嫌な仕事であっても、家賃を払ったり、家族を養うために働かなければならない場合もあります。病気や障害のため、あるいは就職難のためにあまり好きでもない仕事をしなければいけないときがあります。日々食べていくためにあまり意味を感じない仕事を続けながらも、自分の持てるエネルギーや情熱をボランティア活動に捧げることもできます。現在の仕事が耐え難く、今よりもっといのちを与える仕事が与えられたのなら、新しい仕事に変えるのが賢明でしょう（Ⅰコリント七・二一）。しかし、他に選択肢もなく、しばらくの間うんざりするような仕事に就く羽目になっても、想像力を発揮し、与えられたユニークな賜物を現状で生かすことができるようにと神に祈ることもできます。

数年前、トロントのペアーソン空港でそれを実践している人に出会いました。早朝私は列の後方で手荷物検査を待っていると、とても元気で明るく、そのアクセントからカリブ海付近の出身であろうと思われる保安検査係の女性がいました。彼女の風貌は、映画『天使にラブ・ソングを…』のウーピー・ゴールドバーグを彷彿させます。彼女は列の前後を歩きながら、アメリカ南部のカリスマ的な説教者のように、感情豊かに明るく肯定的なエネルギーに溢れた口調で尋ねます。「今、あなたは何かに感謝している?」「今日は、あなたにとっていい一日になりそう?」「神さまを褒めたたえたいような、何かいいことがあった?」そこには、わざとらしさも奇妙な雰囲気もありませんでした。

興味深いことに、ともすれば単調で退屈な仕事にこの女性が持つユニークで美しいスピリットがもたらされたことで、人々の心も目を覚まし、笑顔になりました。それは、これまで経験した手荷物検査の中で群を抜いて素晴らしく、忘れがたい思い出となりました。

私たちはよく、天職を仕事として考えますが、聖書的に言えば天職とは聖なる人として生きるための召しです。聖なる人の文字通りの意味は、「神のために分けられた者」です。聖なる召しの目的の一つは、直接的または間接的に公益に仕えることにより、この世をより主の御国の価値を反映する所にすることです。

私たちにはまた、関係的な召しも持っています。人は私のことを「ケンは牧師」だと言いますが、私の仕事は——確かに牧会はとても大切ですが——天職的な優先順位から言うと三分の一か、四分の一しか占めていません。私は、夫や父親としても召されています。父親としての充実感はありますが、それはとても難しい「仕事」であり、自分の思い通りにはならないものだと実感しています。また私は、周りの人々を愛するようにも召されています。

この章の初めで、トルストイのことを取り上げました。五十代半ばに差し掛かったとき、彼は自分の価値観や神の価値観ではなく、束の間でうわべだけのこの世の価値観で生きていることに気づきました。イエス・キリストの生き方について黙想すると、人としてより真実な天職に目が開かれ、自分は神によって分けられ、この世をよりすばらしい所にするための公益に仕えていると自覚して生きるようになりました。

現在の年齢にかかわらず、あなたにも同じことができます。イワン・イリイチのように、ある日偉大な光の存在の中にあなたも入れられます。そのときに、神は次のような質問はなさいません。

あなたは、時代の価値観に従って生きてきましたか。

社会が認める最も偉大な成功を手に入れましたか。

むしろ、神はこのような質問をされます。

たった一回の貴重な人生で、あなたはわたしの召命を果たしましたか。
誰か他の人の召命ではなく、あなた自身の召命です。

私はよく上ではなく横を見て、同じ分野で働く人たちと比べて自分の人生の出来を評価してしまうので、ヨハネの福音書の最後に出てくる聖句に繰り返し心が惹かれます。ペテロと湖畔を歩きながら、イエスはペテロにこうおっしゃいます。「年をとると、あなたは両手を伸ばし、ほかの人があなたに帯をして、望まないところに連れて行きます」（ヨハネ二一・一八）。いつかペテロが殉教の死を遂げることをイエスが暗示されると、別の弟子であるヨハネが彼らのすぐ後ろを歩いていて聞き耳を立てていたようです。苛立ちを隠せず、ペテロは振り返ってヨハネを指差して尋ねました。「主よ、この人はどうなのですか。」それに対し、イエスはこう応答されました。「あなたに何の関わりがありますか。あなたは、わたしに従いなさい。」（二二節）

自分より成功している人やラクそうな人生を歩んでいる人と比べてしまう誘惑に駆られるとき、「あなたに何の関わりがありますか。あなたは、わたしに従いなさい」とおっしゃるイエスの声が聞こえます。

裁きの日に神の御前に立つとき、神は私にこのような質問をなさらないでしょう。「どうしてあなたは、二万五千人の教会を牧会しなかったのですか。」なぜなら、それは私に与えられた神の召命ではないからです。それは、別の牧師に与えられたものです。

かつて年配のユダヤ教の教師であるズッシャが言ったように、「来たる世に入るとき、神は私に「なぜ、あなたはモーセのようではなかったか」とは聞かれません。むしろ「なぜ、あなたはズッシャでなかったのか」と聞かれるでしょう。

私が来たる世に入るとき、生ける神は私にこう質問なさいません。「なぜあなたは、ビリー・グラハムでなかったのか。」(あるいは、マザー・テレサやジョエル・オスティーンではなかったのか。)むしろ、「なぜあなたは、ケンでなかったのか」と聞かれます。

ジャズ・ミュージシャンのデューク・エリントンは言いました。「誰か別の人のナンバー・ツーでいるより、私は自分自身のナンバー・ワンでありたい。」あなたも、神が召しておられる自分自身になり、両手を開いて召されている仕事を行ってください。

†内省とディスカッションのために

一　神にゆだねることと、神の導きを受けることにはどのような関係がありますか。
二　神があなたに語られる方法には、どのようなものがありますか。
三　空しい理由から、まちがった仕事を選ぶ誘惑を受けていますか。あるいは、過去にそのような経験をしましたか。もしあるなら、その経験を説明してください。
四　意思決定に関して、神はどれくらいの自由を与えておられると思いますか。
五　自らの死を想像することは、人生において大切なものをどれほど明らかにしてくれますか。
六　喜びは、どのように神のみこころを示しますか。
七　神のみこころの外にいるというしるしには、どのようなものがありますか。

《祈り》あなたのみこころに私を従わせてください。
みこころにより、どの社会的階層にでも私を置いてください。
精力的に働く生活か、病の床に着く生活かのどちらでも構いません。

あなたのために働くか、職を失うか、
私を引き上げるか、突き落とすか、
私を満たすか、空にするか、
あらゆるものを持つか、何も持たないか、
あなたの望むまま、心の底からすべてのことをおゆだねします。アーメン。

ジョン・ウェスレー

第十一章　真に偉大な人生とは

きよい心は、ただ一つのことだけを求める。

セーレン・キルケゴール

つい先頃全国ネットのラジオ番組を聞いていると、テイラー・ローズという若い女性がインタビューに答えていました。彼女は薬剤師としての仕事が退屈なので、マーズワンというテレビのリアリティー番組の参加者として応募しました。テイラーによると、すべてのことが計画通りに進むと、彼女と他の三人がロケットに乗り込み（日程は未定）火星に出発する見込みだそうです。彼らの火星での生活はテレビ中継され、たちまち彼らはセレブの仲間入りというわけです。

ただ一つ問題があります。彼らは、火星への片道切符だけを手にします。帰って来ることはできません。他にもその共同体に参加する人が現れるかもしれませんが、誰も帰って来ることはできません。

ラジオの司会者はテイラーに聞きました。「火星に着いたものの、そこがひどい所だったらどうしますか？」

「そうね、もしそうだとしたら最悪よね。でも、ただこの世に生まれて来て、請求書を支払って、死んでいくだけの人生より、自分の人生に意味があったと思えるかもしれないわ」とテイラーは答えました。

願望の方向性を変える

これまでの世代は、きちんと働いて家族を養い、少なからず地域社会に貢献できれば、それで十分だと考えていました。シンプルながらも、そのような日々の生活に誇りを持つ人がほとんどでした。世論調査機関ピュー・リサーチセンターによると、かつて有名になることは若者が掲げる人生目標としては低いランクに位置していました。一九七六年の調査では、有名になることは人生目標の十六項目中の十五位でした。今日では、半数以上の若者たちが人生目標のトップの一つに有名になることを掲げています。以前にもまして人並外れたすごい人になりたい、世間の注目を浴びるような偉業を成し遂げたいと願う人が多いようです。少なくともフェイスブックで「いいね」を多く得たり、ツイッターやインスタグラムのフォロワーを多く獲得したり、より拡散されるビデオを制作したいと思っています。

幼い子どもたちが何か特別なことをすると、「見て、見て!」と言います。大人になると「見て!」とは言わないものの、心の中では「私に気づいて」と言っています。誰もが自分を認めてもらいたいと思っています。

そのような願いはひとりよがりで虚しいことかもしれませんが、そこが人間の人間たる所以であり、神のかたちに造られたとはそういうことを意味します。イエスが善行や業績を人前で見せびらかさず、神にだけ気づかれるようにしなさいとおっしゃったとき(マタイ六・一～四)、人に気づいてもらいたいという私たちの自然な欲求を否定しておられません。イエスはただ、その方向性を変えておられます。天の父から栄誉を受ける生き方をするようにと、イエスは教えられました。

確かに、天の父からの栄誉だけを求めて生きることは、決してたやすいことではありません。私たちが持って生まれた本能では、神からの栄誉よりも人からの栄誉を求めるからです(ヨハネ一二・四三)。しかし、人から認めてもらうために生きても、心にポッカリと空いた穴を塞ぐことはできません。どれだけ認められても十分だと思えないし、人から認められても虚しく感じるだけだからです。ますます満足感が得られなくなり、より多くの賛辞を必要とするなら、それは典型的な依存症のパターンと言えます。人からの賛辞のために生きているような人は、自分よりもっと多く、またより長く賛辞を受けている人のことが気になります。人と比べてばかりいると妬みを感じ、惨めになります。人との比較は、落胆を招くだけです。

しかし、私たちを愛してやまない天の父からの賛辞を求めて生きるなら、それは私たちを養い、人からの承認より長く私たちを支えてくれることを発見するでしょう。神からの承認のみを求めて生きるなら、私たちは満たされ自由になります。

イエスが公にミニストリーを始める前、天の父を求めて断食して祈るため、一人荒野で四十日間過ごされました。その終わりに、サタンがイエスに近づいてこう言ったと福音書にあります。「かなり体重が落ちたようだね（現代的解釈）。これらの石がパンになるように命じてみてはどうだ?」これは、もちろんイエスの空腹を満たすための試みでもありますが、彼が作り出すものによって――つまり彼の成功によって――自分を定義させるという狙いもありました。イエスはこう答えられました。「『人はパンだけで生きるのではなく。神の口から出る一つ一つのことばで生きる』と書いてある。」

次にサタンは、一瞬のうちにこの世のすべての富と栄華を見せるツアーにイエスを連れて行き、言いました。「イエスよ。もし一度でもひれ伏して私を拝むなら、あなたにこの世のすべての王国を与えよう。」それに対して、イエスはこう言われました。「『あなたの神である主を礼拝しなさい。主にのみ仕えなさい』と書いてある。」

最後に、サタンはイエスに言います。「もしあなたが本当に神の子なら、劇的な効果を狙ってエルサレムの神殿で一番高い所に立ち、そこから飛び降りなさい。天の父が御使いたちを送り、あなたの足が地面に打ちつけられる前に、彼らの両手であなたを持ち上げるようにされるでしょう。それはまさに目を見張る光景で、人々は感嘆の声をあげるでしょう——ミニストリーを始めるにあたり、この上ない方法でしょう！」イエスは答えて言われました。「『あなたの神である主を試みてはならない』と書いてある。」

イエスは、自身の成功や最大の舞台を作ること、人々を驚嘆させることによって自分を定義するという誘惑に抵抗し、跳ね除けました。人からの賛辞より、むしろ神である天の父からの賛辞のみを受ける人生を選ばれたのです（マタイ四・一〜一一、ルカ四・一〜一三）。

真に偉大なことの意味を問い直す

　イエスは人から認められたいという人としての自然な欲求を別の方向へ向けるだけでなく、真に偉大なことの意味も問い直しておられます。私たちの社会ではその大きさやすごさによって偉大だと定義しますが、イエスはやもめの献金の話の中で、人知れずわずかに捧げられたものが神の目にはより偉大であったと教えられました（ルカ二一・一〜四）。私たちの文化で尊敬されている多くのことが神には忌み嫌われており、私たちの文化で見過ごされたり無視されている多くのことが神には尊ばれているとイエスは教えておられます（ルカ一六・一五）。実際、イエスは真に偉大なこと――神によって祝福され御国を受け継ぐ者たち――とは、飢えた者に食べ物を与え、渇いた者に飲み水を与え、見ず知らずの者をもてなし、裸の者に服を着せ、病人を訪問し、抑圧された者のために弁護する人たち（マタイ二五・三四〜三六）だと定義されました。通常これらの行動が、世の中で注目を浴びることはほとんどありません。

　イエスが定義する偉大さは通常とは逆のように思えますが、おそらく彼の考え方が正しく、私たちの世の中が逆さになっていると考えるべきでしょう。イエスは自分が教える偉大さの定義を実践し、この世における彼の人生の九十％を全く無名の状態で過ごされました。私の友人ザック・エスワインが指摘するように、偉大でありながら無名であることは矛盾しないことをイエスの人生は示しています。

私が大学生のとき、若いクリスチャン・リーダーのためにアムステルダムで開かれた大会に招待されました。その大会の主催者は、当時世界のプロテスタント教会で最も有名で尊敬されていたビリー・グラハムでした。あるインタビューの中で、レポーターは「今現在、世界にいる最も偉大なクリスチャンは誰だと思いますか」と彼に質問しました。

グラハム氏は少し間を置いてからこう答えました。「私たちはおそらく、彼らのことを知らないでしょう。彼らはアフリカのジャングルや全く人目につかないところで生活していますから。彼らの名前すら、私たちは耳にすることがないでしょう。」

イエスは、この世で先頭にいる者が来たる世では最後尾に置かれ、この世で最後尾にいる多くの者が来たる世では先頭にいると教えられました（ルカ一三・三〇）。C・S・ルイスは彼の霊的古典『偉大なる離婚』の中で、どのようにしてそれが起こるのかを鮮明に描いています。ある場面で一人の男性がガイドに付き添われて天国を案内されていると、輝くばかりに美しい女性と子どもたちの群れを目にします。子どもたちは彼女を崇める歌を歌い、楽器を演奏しています。

ガイドの方を向き、彼は囁きます。「この人は？……」（彼女は「ピープル」誌に選ばれた世界で最も美しい五十人の一人ですかという意味で、彼はこう質問しました。)

ガイドは答えます。「彼女の名前はサラ・スミスですが、あなたは一度もその名前を聞いたことがないでしょう。彼女は、ゴルダース・グリーンに住んでいました。」

「彼女は……、とても重要な人物に見えるのですが。」

「おっしゃる通り。彼女は重要な人です。しかし、地上で有名であることと、天国で有名であることは全く別なんです。」

「それから、彼女の前に花を投げて、ダンスしている子どもたちは誰ですか。」

「彼らは、彼女の息子と娘です。」

「彼女には、たくさんの子どもがいたのですね。」

「彼女自身は、子どもに恵まれませんでした。彼女が出会った男の子はみな、彼女の息子になりました——彼女の家の勝手口にただお肉を届けていた男の子でさえ。彼女が出会った女の子もみな、彼女の娘になりました。」

「それは、彼らの両親にとってひどいことではないんですか。」

「いいえ、違います。確かに、人の子どもを盗む人もいます。でも、彼女の愛は違ったものでした。彼女の愛を受けた子どもたちは、自分の両親をもっと愛するようになりました……そして今、キリストにあって彼女が持っている豊かないのちが、すべての被造物の上に流れています。」

ルイスがこの物語を通して指摘しているように、地上における名声と天国における名声は全く別のものです。今先頭にいる多くの人たちは来たる世では最後尾になり、この世で最後尾にいる多くの人たちは来たる世では先頭にいるでしょう（ルカ一三・三〇）。男の子や女の子たちに親切にしたひとりの独身女性、妹とパンを分け合ったハイチにすむ貧しい兄、人知れぬ所で年老いた義理の父の世話をする女性——彼らが来たる世では、一番になっているかもしれません。イエスは、私たちが考える偉大さの定義を覆します。無名であることと偉大であることとは、天の御国では矛盾しないからです。

もし、あなたがクリスチャンなら、おそらく人の本当の価値はその人の資産や名声で量ることはできないと思っていることでしょう。とはいえ、神の目から見てあなたが本当に偉大であるなら、おそらくある程度この世であなたが行った功績が広く知れ渡るようになり、長く人から認められるのではないかと心のどこかで信じていませんか。しかし、たとえあなたの功績が人から認められず、広く知れ渡ることがなくても、神の目にあなたは真に偉大だと映っている場合もあり得るのです。

古典『ミドルマーチ』の中で、著者ジョージ・エリオット（本名はメアリ・アン・エヴァンズ）は主人公のドロシア・ブルックをカトリックの神秘主義者アヴィラの聖テレサと比較しています。聖テレサは、ヨーロッパ各地に十七もの女子修道会を建て、ベストセラーにもなった霊的自伝を書いた人物です。テレサが聖人として有名になれたのは、彼女が裕福で影響力のある家庭に生まれ、当時ヨーロッパにおける霊性が彼女の深い知恵を受け入れるだけの成熟期に達していたからだとエリオットは見ています。一方で自分の人生を「平凡」だと感じ、「長く認められる功績」を持たない多くの「テレサたち」にも目を向けています。

ドロシアも、そのような女性の一人です。彼女は美しく、とても裕福な家に生まれましたが、自分の富をひけらかすことを避けていました。むしろ、叔父の貧しい借家人のために老朽化した小屋を改装してあげたいと考えるような女性でした。しかし、自分の人生の風向きが変わったために、彼女の計画は実現には至りません。彼女が思い描いていたような、裕福な地主と結婚して快適で特権を享受する人生ではなく、年配で病気がちな牧師エドワード・カスボンと彼女は結婚します。夫が彼の知性やミニストリーを分かち合ってくれることを彼女は望んでいましたが、カスボンは冷淡で厳格なうえ偏狭な人で、彼女の結婚生活は不幸せでした。彼は、結婚後二年で亡くなってしまいます。ドロシアは亡くなった夫の従兄弟で、財産もなく不祥事を起こした家系の男性と再婚することになります。その再婚は社会的に受け入れられるものでなく、彼女も「善良な女性」と見なされなくなると周りの人々は反対しました。

人々の批判にも臆することなく、ドロシアは善意をもって人に接する寛大な人に成長していきます。彼女は人の良い面を引き出しました。無私無欲で常に人のことを第一に考え、お金に関しても極めて豊かに与える人でした。ドロシアの行いは、「広く人々に知れ渡ることはなかった」。というのも、「彼女の人生は、人目につかない隠された場所で用いられたからである。……しかし、周囲の人たちに与えた彼女の影響は、計り知れない。この世に広がる善は、名も無い人たちの行いによってもたらされることが多く、あなたや私がこの世もまんざらではないと思えるのは、隠された場所で誠実に生き、誰も訪れることのない墓に眠る人たちの数が決して少なくないからだ。」

ドロシアと同様に、私たちにも長きにわたって認められる功績がなく、死後多くの人々が墓跡を訪れることはないかもしれませんが、聖徒として静かで隠された日常を生きることはできます。どこにいようと、神の目からは隠されていないと知りながら――。とりわけ神は人目につかず、人々から見落とされていることを評価されます。山上の説教でイエスは、真に祝福された人とは自分の本質的な貧しさを知る人、つまり無条件に神に頼る人だとおっしゃいました（マタイ五・三）。続いて、真に祝福された人とは義に飢え渇く者——神や人々と正しい関係の中で生きることを切に望む人——だとイエスは説明されました（同六節）。神に対する自らの必要を認め、神や人々と共によく生きることを切望することは人からは見過ごされがちですが、それらの望みは創造主から賞賛され、御国において大きな報いを受けるのです（同一二節）。

〝達成を求めるアダム〟的傾向が強く、功績によって認められることを望む人は、イエスが定義する偉大さによって解放されるでしょう。公の立場にいる人も、最も重要かつ永続的な仕事というのは常に人目につかない所で行われることを知っています。

弔辞で語られる美徳

現在八十代前半の私の父は、最近肺炎を起こして入院しました。今はもう回復しましたが、人生の終わりに近づいているように感じ、私は父の人生を振り返るようになりました。

父は、戦後日本が焼け野原となり貧しかった時代に育ちました。彼の家族には本を買い与える金がありませんでしたが、父は読書が好きだったので、お金はないけれど本を読ませてもらえないかと近所の本屋さんに頼みに行ったそうです。本屋の主人はとても親切で、「好きな本を持って行って、お金が手に入ったときに払ってくれたらいいよ」と言ってくれたそうです。そのため父は、お金がなくても本を読むことができました。

高校を卒業後、父は日本で権威ある私立大学に入学しました。就職・結婚の後、北米に留学する日本人がほとんどいなかった時代に、彼はニューヨークのコロンビア大学で学びました。そこの学生だったとき、マジソンスクエアガーデンで開かれたケネディー大統領の誕生パーティーに出席しました。マリリン・モンローがケーキの中から飛び出して、ハッピーバースデー・ソングを歌った有名な誕生パーティーです。その後、父はロンドンのＢＢＣ日本語放送のキャスターとして働きました。私たち家族がイギリスに住んでいたとき、父はエリザベス女王のティーパーティーにも招待されたことがあります。その後家族でカナダに移住し、父はＣＢＣというカナダ国営放送の日本語キャスターとなり、彼のラジオ番組はその分野の視聴率で世界二位にランクされたこともあります。ニューヨークタイムズ紙のコラムニスト、デイビッド・ブルックスの言葉を借りれば、父は「経歴上の美徳」がかなり高いと言えますが、さらにすばらしい「弔辞で語られる美徳」（つまり人徳）を持っていました。彼は誠実で謙遜なうえ、とてもやさしい人でした。父の人徳と比べるなら、仕事としての業績はまるで秤に載せた羽のようです。

定年を数年後に控えた頃、ＣＢＣの予算が削られたために日本語放送部門がカットされてしまいました。最後は、フランス語放送部門（訳注＝カナダでは、英語とフランス語が公用語です）の廊下を行き来しながら郵便物を配る仕事をしていました（彼のフランス語は、とてもたどたどしいものでしたが）。父の人生を振り返ったとき、キャリアの最後に味わった自尊心を傷つけられるような逆境も、秤に載せた綿ぼこりのように感じます。父に対する私の尊敬には何の変化ももたらしません。一番重要なのは、仕事上の業績でも屈辱でもなく、彼がどのような人であったかです。

私は息子であり、また父親でもあります。今小学二年生である私の息子ジョーイのことを考えると、高校を卒業して大学に行ってほしいと願っています。私の家系で大学に行かない最初の人になってほしくないと思っています。しかし、彼の将来を考え、自分の心の奥底まで吟味してみると、ジョーイがいい大学に入ろうが、どの大学にも入れなくてもそれほど重要なことではありません。彼がいい仕事に就けるかどうかは、全く重要ではないのです。唯一真に重要なことは、彼の創造主である神と親しい関係に目覚めることができるかどうかです。将来、彼が教育やお金、あるいは才能を手にしたとき、それらの賜物を用いて弱い立場にいる人々に仕えてもらいたいと願っています。弔辞で美徳が語られるようになることが唯一重要であって、神の助けを受けながら彼にもそのような美徳を養ってもらいたいと祈っています。

聖ドミニコはかつてこう言いました。「死は人を殺すが、死について考えることは人を生かす。」この言葉が理にかなっていることは、前章で取り上げたイワン・イリイチを通してトルストイが自分の死を考えたことからもわかります。自分の死と向き合うとき、いい学校に行ったとか、優秀なキャリアを積んだとか、人が羨むような業績を残したとか、よくできる子どもを育てたとかは全く重要ではありません。重要なのは、神が私たちを愛してくださっていることを知り、どのような人になるかであって、私たちが何をしたとか、しなかったかということではありません。

弔辞で語ってもらいたい美徳――死後、自分について人々に語ってもらいたいと願うこと――を自ら挙げることができれば、自分が何に最も価値を置いているか、またどのような人になりたいと願っているのかがわかります。私たちが召されている人になることが人生の中心課題ですが、現在進行中の霊的形成は汗と努力の結晶ではなく、恵みという賜物の結果として与えられます。この本で取り上げた霊的習慣は「仕事」ではなく、私たちを創造し、愛情をもって形作られる神の御臨在の中に留まるように助けてくれるものです。

もし、あなたが真に偉大な人生を送りたいと願っても、火星や他の惑星に行く必要はありません。今、あなたがいるこの場所で偉大な人生を生きることができます。神からの賛辞だけを求めつつ自分に与えられた日々を生きるとき、どこにも行く必要はありません。

一つに統合されたアダムとして、神からの栄誉のみを求め――イエス・キリストの恵みと聖霊の力によって――あなたという賜物を通して周りの人々を祝福するとき、あなたは解放され、光と喜びと充足感で満たされることでしょう。神に愛され、創造された本来のすばらしさを回復した、あなたという賜物を通して。

†内省とディスカッションのために

一　あなたの人生の中で認められたいと願っていることがありますか。それは何でしょう。また、なぜそう願うのでしょう。

二　イエスが定義する偉大さは、この世のものとはどう異なっていますか。

三　多くの人が弔辞で語られる美徳の方が経歴上の美徳より大切だと思いながらも、なぜ人々は多くの時間とエネルギーを経歴上の美徳のために費やすのでしょう。

四　真の偉大さを表す生き方をしている、ごく普通の人を知っていますか。

五　自分の死について考えることは、人生で最も重要なことにどのような変化をもたらしますか。

六　今あなたが置かれているその場所で、どのようにしたら日々偉大さを追求する生き方ができると思いますか。

おわりに――神の愛のくびき

この本のはじめで、高校の同窓会に誘われた話をしました。その日が来ると、私はお気に入りのシャツを着て同窓会のディナーに出かけました。ホテルの宴会場に向かう途中は少々不安を感じていましたが、受付で同じクラスにいた二人の女性が温かく迎えてくれて、気持ちが楽になりました。

その夜、私は昔のクラスメイトたちと心から会話を楽しむことができました。ほとんど、何十年も会っていなかった人たちばかりです。予想とは裏腹に、自分を人と比較することもなく、私はみんなの話に引き込まれました。同窓会から帰宅し、妻の早基子と話をしていると、自信がなく不安でいっぱいだった高校時代に比べて、今ではずいぶん自分らしくいられるようになったと思いました。

人から受け入れられようとして、一晩中――ましてや一生――自分ではない誰かを演じなければいけないとしたら、それはあまりにも悲惨です。私たちはみな、ありのままの自分で生きたいと願っています。一つに統合された自己、健全な自信、愛されているというアイデンティティーで満たされた状態――。感謝なことに、神も私たちがそのような状態で生きることを望んでおられます。

「すべて疲れた人、重荷を負っている人はわたしのもとに来なさい。わたしがあなたがたを休ませてあげます」（マタイ一一・二八）とイエスはおっしゃいました。イエスがこのことばを語られたとき、一世紀の多くの人々は自給自足の生活をしており、日々食べていけるかどうかを心配していました。当時ほとんどの赤ちゃんは二十歳になる前に亡くなっていたので、子どもの健康についても心を悩ましていました。

現代でも、経済や健康について私たちは心配します。しかし、一世紀を生きた人々がそれほど気にしなかった不安も感じています。それは、自分の実力や業績を人と比べて自分は劣っているのではないかという不安です。どのような不安や重荷であれ、イエスはこうおっしゃいます。「あなたがたもわたしのくびきを負って、わたしから学びなさい。そうすれば、たましいに安らぎを得ます。」（マタイ一一・二九）

イエスが言われたくびきという言葉は、牛の背中に掛けた木製の板のことで、畑を耕し、重い荷物を引きやすくするためのものです。あまり安らぎを感じさせるものではありませんね。ハンモックやマッサージ、あるいはカリブ海の無料バケーションの方が、どんなにいいでしょう。しかし、私たちが負うようにとイエスが言われたくびきが、重荷どころか軽く感じられるとしたらどうでしょう。

このくびきについて語る前、イエスは天の父との関係について感謝を捧げ、父が彼のことを知り、愛し、信頼してくださっていることを喜んでおられます。イエスが私たちに負うようにと言われたのは、彼のくびき――天の父がイエスにかけたくびき――であり、それは御父の愛のくびきです。私たちが神の愛のくびきを身につけると、人生の重荷は軽く感じるのです。イエスが「わたしのくびきは負いやすく、わたしの荷は軽い」とおっしゃったのは、そのためです。神の愛を肩に感じると、より自己に統一感を持って生きることができるようになります。〝達成を求めるアダム〟の最善の部分を実践して、リスクや失敗を恐れることなく行動することができます。また、〝魂を求めるアダム〟の最善の部分も生かしつつ、神やまわりの人々との関係を深めることもできます。

チリの詩人パブロ・ネルーダは、妻に次のような言葉を贈りました。「春が桜の木にもたらしてくれることを、私はあなたにしてあげたい。」大切な人から深く愛されていると知るとき、私たちの最善の姿が開花します。第二章でも紹介した私のメンターであるレイトン・フォードとの関係の中で、私はそのことを経験しました。初めてレイトンを知るようになったのは私が二十代半ばで、ボストンの神学校で学んでいたときでした。同時期に若いクリスチャン・リーダーの育成を目的とし、試験的に始められたアロー・リーダーシップ・プログラムにも参加していました。初めて二十五人ほどの参加者が集まったとき、私たちはまるで映画『トップガン』の中の戦闘パイロットのように、ライバル意識を持ちながら横目で互いをチェックしていたと、先ごろ再会したアローの同期生の一人が当時の様子を語ってくれました。

私はその中で一番若く、ミニストリーの経験も実績も最も少ない者でした。初めの頃、私はアローの創設者であるレイトン・フォードに好印象を持ってもらおうと努めました。私の入会を許可してくれたことや、彼の投資が無駄ではなかったと思ってもらいたかったからです。

しかし、二回目か三回目の泊まりがけのセミナーに出席したとき、会話の中でレイトンは洞察力に満ちた青い目で私を見てこう言ってくれました。「君のことを高く評価しているよ。」その言葉は、とても特別なものになりました。歳月の流れとともに、私に寄せてくれるレイトンの思いは、彼の団体やキリスト教界に対する私の貢献度とは全く無関係であることを知るようになりました。私の欠点や弱さが露呈し、失敗を犯しても、彼との関係は揺るぎないものであることがわかりました。出会いから二十五年がたった現在、以前にも増して愛されているように感じ、彼の前では自分らしくいられるようになったと感じます。いい話だけでなく、うまくいってないことや誘惑についても、包み隠さず正直に話すことができます。

彼から受けた豊かな愛や投資に応えて、私の人生やミニストリーで何かを成し遂げたいという思いがなくなったわけではありません。しかし、今その願いは認めてもらいたいという切なる思いや恐れからではなく、愛と感謝の気持ちから来ています。

私の神との関係においても、同じことが言えます。本書で述べた霊的習慣――沈黙の祈りや安息日を守ること、仕えることなど――のお陰で、常に私と共に存在しておられる神の愛にもっと気がつくようになりました。神に対する承認欲求から何かを成し遂げたいという思いも、ほとんどなくなりました。自分が神から愛されている息子であると知っているからです。しかし、愛と畏敬の念、感謝の気持ちから、神のためにベストを尽くしたいと思っています。

最後に、これはあなたに対する私の希望であり、祈りです。

この宇宙の創造主である神があなたを息子、あるいは娘として愛してやまないことを知る人生を送ることができますように。

本書で触れた霊的習慣を通して、あなたが愛されている恵みの子であるという認識を深めていくことができますように。

偽りの自己という重荷を下ろし、神の愛のくびきを身につけ、今ここにおいて自信を持って生きることができますように。

さらに豊かに愛され、愛しながら、大胆で勇気ある人生、豊かな関係に彩られた人生を生きていくことができますようにお祈りします。

著者による出版記念メッセージ
がYouTubeでご覧になれます。

文献からの引用は、邦訳書がある場合も
本書訳者による英語からの翻訳を使用

魂のサバイバルガイド
達成志向の世界で霊性を養う

2020年10月20日　発行

著　者　ケン・シゲマツ
訳　者　重松早基子
印刷製本　シナノ印刷株式会社
発　行　いのちのことば社
〒164-0001 東京都中野区中野2-1-5
電話 03-5341-6922（編集）
03-5341-6920（営業）
FAX03-5341-6921
e-mail:support@wlpm.or.jp
http://www.wlpm.or.jp/

ISBN 978-4-264-04180-1